书·美好生活
Book & Life

书，当然要每日读。

轻松生活之禅式金钱礼法

禅与极简生活

Shunmyo Masuno

人生の流れが美しくなる禅、

「お金」の作法

枡野俊明

（日）枡野俊明 —— 著　米悄 —— 译

北京时代华文书局

不是去追求不足之物，而是善用自己身边所拥有的一切。

通过舍弃自己的执念，让自己的心灵得到洗涤。唯有如此，才可称之为"欢喜舍弃"。

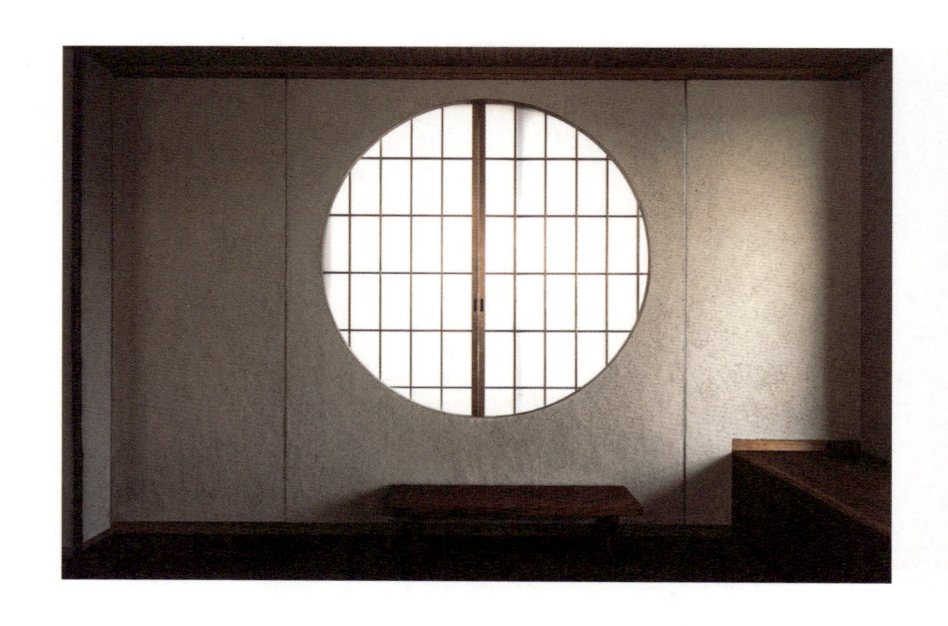

从不让金钱滞留在自己身边,而是让它像河水一般流动起来,这才是"诸法无我"的思想境界。

一个人独居的同时，也为生活在远方的孩子祈祷幸福。只有感觉到心有牵挂，人才可以活下去。

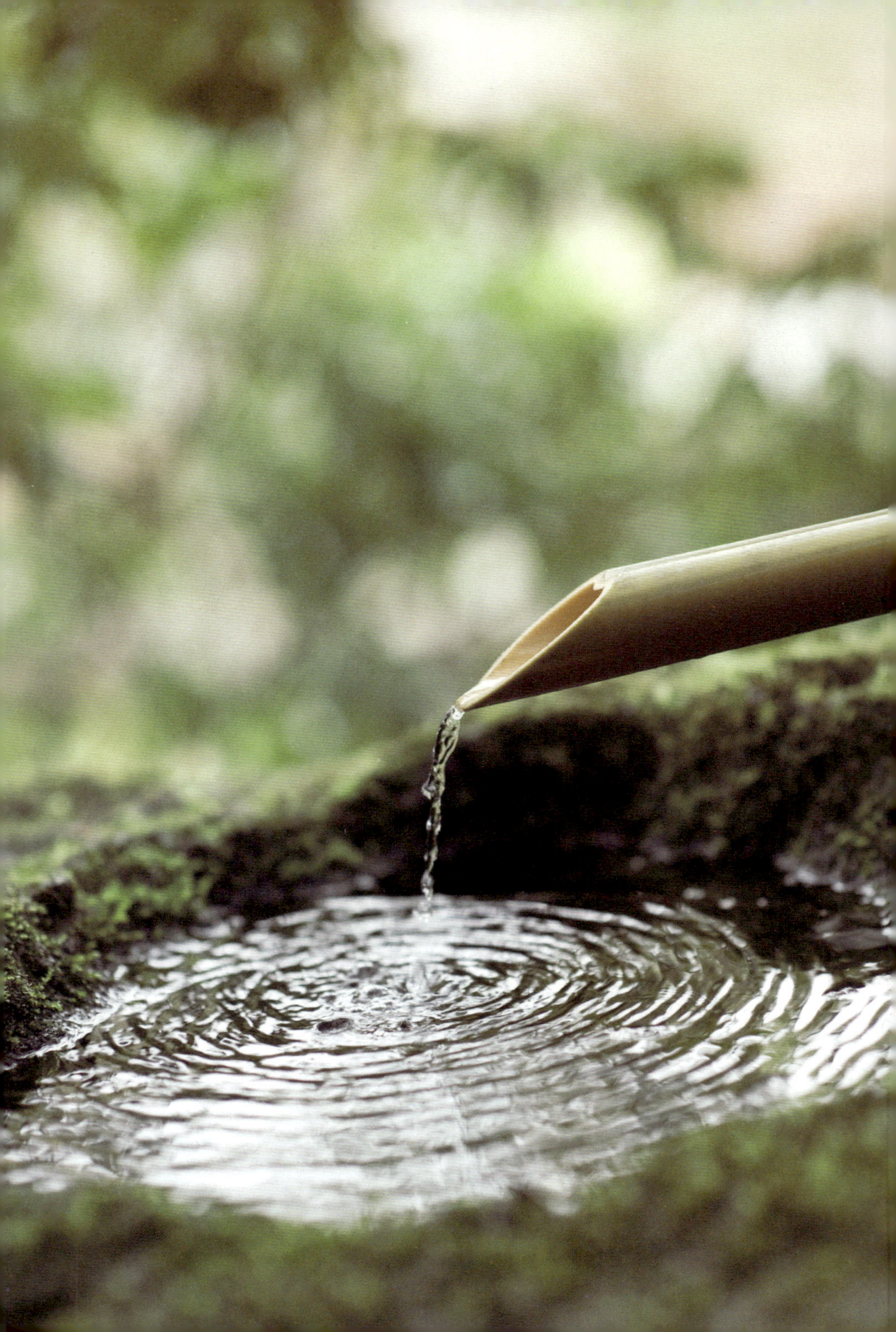

目录
contents

序言

轻松生活
直面金钱与人生的禅式智慧 001

第一章　禅的金钱礼法
心怀喜舍，轻松生活

以足够的状态，过轻松的生活 003

心怀喜舍过生活 008

简朴生活，而不是节俭生活 014

金钱须流转，己处莫滞留 019

金钱价值观体现生活态度 025

真正的幸福绝不是一人独赢 030

第二章　与金钱相处
　　　　　轻松而理性

清雅是一种人生的态度　　　　　　　　　037

满足心灵需求的消费方式　　　　　　　　043

你的"人生优先级"，决定你的生活　　　048

"殊常有别"的消费原则　　　　　　　　053

清减钱包，就是整理欲望　　　　　　　　058

无谓社交，是金钱时间的浪费　　　　　　063

给自己制定金钱消费的"清规"　　　　　068

第三章　物质、工作与金钱
　　　　　金钱与工作·金钱与人·金钱与物之间的关系

放手一点点，幸福一点点　　　　　　　　075

整理四散在心中的物欲　　　　　　　　　081

多余的物品扰乱内心的宁静　　　　　　　087

对待物品的态度，就是对待生活的态度　　092

工作，是努力完成被赋予的使命　　　　　097

人与工作之间，可以有一种单纯的爱　　　101

真心所喜，不计得失　　　　　　　　　　106

第四章　　心持定境，不为金钱所左右
　　　　　与物欲和执念的相处之道

面对金钱的焦虑，活在当下　　　　　　　115

不放任欲望留在心底　　　　　　　　　　120

今天比昨天，成为更好的自己　　　　　　125

幸福与否，与金钱无关　　　　　　　　　130

幸福是与自己内心的对话　　　　　　　　135

不必划分黑白，人生本就如此　　　　　　140

发现幸福的捷径　　　　　　　　　　　　144

第五章　禅与极简生活艺术
关于真正的"富有"

不期求回报的人生更加轻松　　　　　　　　151

款待，在于温柔之心、体贴共情　　　　　　156

幸福的尺码　　　　　　　　　　　　　　　162

为了留下什么而努力生活　　　　　　　　　167

在一蔬一饭中触摸生活的纹理　　　　　　　173

不那么方便的生活，恰恰是修行　　　　　　178

后 记

把金钱当成一种丰实人生的工具　　　　　　183

序言

轻松生活
直面金钱与人生的禅式智慧

有钱就幸福吗?

首先,我想请教大家两个问题。

第一个问题:"你现在想要多少钱?"

第二个问题:"你为什么想要这些钱?"

很多人都认为,若想在这个社会上生存,金钱是必要的。为了满足各种各样的欲望,金钱更是不可或缺之物。

"没有钱也照样能活下去。"

"我完全不需要钱。"

也许有人会这样断言,但我总觉得这些话并非出自本意。对金钱拥有渴求之心,绝不是什么应受苛责的事情。

那么,为什么我会提出这样两个问题呢?因为我认为,一个人在内心中对金钱的态度,与他的生存方式有着极大的关联。一个人对金钱的态度和看法也许就像一面镜子,可以反映出一个人的人生。因此,我才有了前面两个提问。

那么,让我们先来看看对第一个问题的回答。我想一定会有很多种答案。

有人会说:"钱财多多益善。如果可以,当然希望能够无限获得。"

也有人会说:"至少要有现在工资的两倍才行。"

或许,还有人会说:"现在这样已经足够了。"

当然,这个问题并没有标准答案,无论什么样的回答都无可厚非。我只是认为,我们可以通过各种答案,对各种不同类型的生存方式窥见一斑。

有的人直接表达出欲望，他们的生存方式是把全部精力都放在如何满足欲望上；有的人坚信只要拥有足够多的金钱，就能够获得幸福；有的人尽管收入丰厚，却总是满口怨言。在这个问题面前，充斥着各种各样的人生观。

接下来，让我们再来看看第二个问题。

你为何那么想要这笔钱？究竟想用它来做什么呢？我想，关于这个问题，一定也会有各种不同的回答。

"因为有很多钱，将来才能够生活得安心。""因为想过上更加奢华的生活。"或者，"因为想买能在别人面前炫耀的东西。"答案不一而足。并且，也各有其不同的出发点。

现在，请直面自己给出的答案，并试着自问："是不是只要有很多钱，将来就真的可以安心生活？""所谓比现在更加奢华，于你而言是什么样的生活？""向他人炫耀是你的人生目标吗？"

就像这样，请试着面对自己对这两个问题的回答。哪个才是你的真心所向？你真的相信只要有钱就会得到幸福吗？执着于金钱，意味着要在欲望的控制下生活。在那样的人生当中，你是否会感到真正的充实？

对于这两个问题的种种回答，我都没有任何否定的意思。因为否定这些答案，就相当于否定你的人生。在我看来，无论对什么样的人生，我都没有丝毫权利去批判，或者否定。正因如此，才希望你能够亲自面对你自己给出的答案。

金钱与人生，必定在某处相连

有时，我自己也会被问到类似的问题。

"请问住持，您对金钱有什么样的看法？因为您是僧侣，大概不会考虑金钱方面的事情吧？"

确实有这种观点，认为对人生即是修行的僧侣来说，与金钱产生瓜葛是不恰当的。修行不是为了赚钱而进行的活动。修行是要亲自踏上通向佛祖的道路，一步一步前行，并将修悟到的心得传达给俗世之人。在这个过程中，不得有金钱报酬的介入。

在过去，曾有不成文的规定，禁止僧侣娶妻生子。那时，终生独身、专注修行才是僧侣应有的生存状态。过去的僧侣，自己种植粮食作物，并靠获取这些植物的生命赖以生存。有时，他们也会接受来自檀越的布施供奉以维持生活。

偶尔，僧侣会托钵前往街市。所谓托钵，并不是为了去收钱或募款。对生活在市井中的人来说，即便有心亲身修行，也很难真正实现。人们尽管想去寺庙参拜，却日日陷于庸常的生活里，因琐事缠身而难以前往。鉴于俗世之人不能诵经参拜，僧侣便走出寺院，到街市中，替世人唱诵经文。而每当这时，人们就会心怀感恩，奉上净财，说："谢谢你替我念经。请代我将这点钱带回寺庙去吧！"这就是托钵的含义。

僧侣以修行之身居于世上，没有多余的欲望。因为摒除烦恼本身就是修行的内容，所以心中不能怀有任何贪欲。至于日常饮食，则要保持每餐一汤一菜，不吃肉不食鱼。那时，金钱在僧侣的生活中不是必要的存在。只要有能够维持生存的最低限度的物品就可以了，超出此限度的钱财皆属无用之物。曾经，这才是僧侣的人生。

但是随着时代的变迁，自明治时期起，僧侣开始被允许娶妻生子。到如今，僧侣结婚构建家庭已经是理所当然的事情了。而一旦拥有家庭，就自然会对金钱产生需求。

我自己也有家庭。为了家人的生活，金钱是必要的。孩子的教育费，不会因为是僧侣的子女就可以免除。只要想在现代社会存活，并与大家过着基本相同的生活，金钱就是必不可少的存在。

但是，我一直不会忘记，或者脱离自己的僧侣身份。供养家人，维持在寺中修行的其他僧侣的生活，确实需要金钱。但是我认为，它只要保持在能使我们活下去的最低限度就可以了。

先前的两个问题，如果我自己被问到的话，会如何回答呢？

对于"你现在想要多少钱？"我大概会回答说："只要够供养家人与僧侣们的钱"。对于"你为什么想要这些钱？"我会回答："为了生存。"除此之外，我没有其他答案。

通过"金钱"重新审视自己的生活方式

本书的主题是"金钱"。将这样一个题目扔给一名僧侣让其解读，难度未免太大。或许，请经济学家或企业家来解答才最合适。对僧侣来说，金钱原本应该是与自己距离最远的话题。

对此，我曾经有过思考。或许，一个人对金钱的态度以及看法，正可以反映他的人生本身，展现他美好与否的生活方式。在其根底也许正隐藏着此人对金钱的价值观。金钱与人生肯定会在某处产生关联。正是因为有了这些感触，我才考虑试着执笔写下这个相当具有难度的话题。

"你现在想要多少钱？"
"你为什么想要这些钱？"

这些问题会经常出现在本书当中。而对于它们的答案，我想与各位读者一起，认真思索，共同探讨。

禅的轻松生活、金钱礼法，适用于每一个人。回到生活原点，回归生活初心，以一种坦然、从容的心态去对待金钱。有，则常知足；多，则善用之；少，则淡看之。只需明白，人生中最美好的东西——阳光、空气、微笑、热爱，都与金钱无关；生活中有太多太多美好，金钱只是其中之一。过上不为钱烦恼的轻松生活，也并没有那么难。

当然，本书并非要传授金钱的使用方法，它也不是一本对消费理财提出建议和忠告的书。如果读了本书，你能够通过金钱来重新认识自己的生存方式，我将感幸甚。

合掌

枡野俊明

第一章 禅的金钱礼法

心怀喜舍，轻松生活

"喜舍"还包含着另外一层意思，那就是舍弃自己内心深处的执着心念。

以足够的状态，过轻松的生活

自知满足，内心便可轻松而自由

在禅语中，"知足"是一个非常著名的词汇。所谓"知足"，即"自知满足"。禅借用这个词向每个人的内心发问：你是否清晰地知晓自己所拥有的东西；对于已经拥有的一切，你是否觉得足够，是否感到满意。人的内心状态，常常因知足心的有无而发生很大的变化。

然而，由于欲望的存在，想要的东西哪有足够的时候呢？生活过得稳当顺心，不知为何总觉得缺点什么；明明已经足够了，却总是想要越多越好；甚至根本不需要的，也希望有则更好。

欲望就是这么麻烦的东西。我们经常会忘记已经足够的状态，只把目光投向尚显不足的事物。未达到满足状态的东西只消在眼前一闪，就会勾起人的欲望。不足而求之，求之却不得。小小的不满渐渐积累起来，最终会像洪水一般决堤而出。这些不满除了会滋生欲望，没有任何积极作用。

打个比方，假如你每个月有二十万日元的工资收入。如果你是一个人生活，那么每月十万应该足够。也许无法生活得太过奢侈，但是也绝对不至于为钱所困。也就是说，你已经处在一种"足够"的状态。而这种足够的状态，会让你的生活变得轻松、自由。

可是，当你习惯了二十万的金额，就会开始觉得不满足。你也许会想，如果可能的话，最好再多五万日元。不，如果有三十万的话，就能够生活得更加富足。当你有了三十万的欲望，二十万便显得不再够用，你也会渐渐发现，以前的那种轻松感慢慢在消失，自己陷入了一种纠结的生活状态。

何不问问自己，想将增加出来的五万日元用于何处？"想去高级餐厅享受一下""想买个新手袋""想买一件昂贵的衣服"……对这五万日元，你会考虑很多种用途吧？在考虑的同时，想必也是能感觉到快乐的。

那么再请问，用五万日元去高级餐厅吃饭，可以为你带来幸福吗？新的手袋中会装着幸福带给你吗？穿上昂贵的衣服，就可以获得漂亮的人生吗？

少许奢侈有时确实可以带来满足和快乐。但是请不要忘记，它们都只是暂时的。

不可否认，第一次踏进高级餐厅，是可以获得一定程度的满足感的。但是如果它成为日常，那种新鲜的幸福感就会荡然无存，你只会想着去更加高级的餐厅；新买的手袋，不出三个月就会变成旧货。不是说手袋本身变旧，而是你对手袋的喜爱之情会变得陈旧；即便再贵的衣服，一旦过时，或不喜欢了，就摆脱不了收进衣柜暗无天日的命运。当新鲜感消失，人会渴求新的东西。尽管你曾努力填补过"不足"的缺憾，但是更多新的"不足"又涌现出来。如果这种情况不断反复，心灵将永远得不到满足。

多余的欲望是轻松生活的大敌。二十万日元就足够了的生活，多出来的五万便是"不必要的金钱"。金钱是一种有用的东西，但是，只有在你觉得知足的时候，它才会带给你快乐，否则的话，除了给你烦恼和妒忌，它毫无任何积极的意义。

珍惜善用，生活方能丰富而充实

人需常怀一种知足心态，生活才会变得轻松。

好想再多五万日元；再多十万日元就好了……如果这种话说出来就能得到，那尽管说就是。但是你要知道，愿望不是嘴上说说就能实现的东西。而经常把这些不能实现的愿望挂在嘴边，人的内心会越发变得贫穷乏味。

"我很穷，我没钱"，这句话已经成了当下一些人的口头禅。这样的话其实只是对自己并不富裕的生活的一种调侃，若真要说穷到什么程度，那也未必。往往，这些人的生活并不贫穷，没有借款也没有债务，可是每次见面都会嚷嚷着"没钱"，听得多了，也不免觉得厌烦。

我想，把"没钱""穷"常挂嘴边的人，即便是得到了足够多的钱财，也不会感到满足吧。相反，只会胃口更大，想得到更多，欲望像无底洞一样扩张，这样的人究竟有多少钱才会满意呢？

不是去追求不足之物，而是善用自己身边所拥有的一切，珍惜它们。

花森安治先生说：美好之物与金钱和闲暇无关。创造出最美之物的，总是那些经过打磨的感知力，注视日常生活的慧眼，还有不懈努力的双手。

所拥有的东西，运用你的想象力和创造力，将其发挥到最好的状态。在物尽其用的同时，生活也会因为不用奢求太多而备感轻松，心中也不再萦绕"这个不够，那个不足"的多余情绪，徒生不满和烦恼。比起追求无有之物，将现有之物用到极致，才是更加美好的生活方式，不是吗？

这样的生活方式才称得上美妙多姿，不是吗？

一直在身边，融入日常生活的事物，最美。

知足，满足，珍惜，善用。

心怀喜舍过生活

舍弃内心深处的执着心念

我担任住持的建功寺，从两年前开始实施正殿的重建工程。建功寺拥有四百五十年的历史，在这四百五十年当中，正殿曾经有过一次重建经历。如今又因为关东大地震的摧残，损坏相当严重。我想尽力去实现重建正殿的愿望。这也是我的曾祖父，即上溯三代时就开始有的愿望。

重建正殿，并非是为寺院自身考虑，不是为了能骄傲地炫耀而特为将正殿修建得豪华气派。我们寺院有义务守护世人与其先祖之间的亲缘。世人之先祖长眠于寺院的墓地中，如果寺院消失不再，那么人们与先祖之间的缘分也将随之消失。我们不会让这样的情况发生。将先祖与生活在现代社会的人们之间延续至今的亲缘继续下去，是寺院肩负着的一个很重要的使命。

重建正殿的愿望，从三代之前的住持就开始有，作为第十八代住持，我终于决定实现它。但是，实现这个愿望并非易事。

建功寺的正殿建在一座小高丘上，那里林木四合，葱茏蓊郁。虽然上佳的环境深得大家赞赏，但从另一个角度来看，它也为建筑工程增加了不少难度。周围很多树木如果不移植的话，重型机械就无法运进来。与那些位于平地上的正殿相比，这里的重建要耗费多出数倍的时间以及劳力。

而最令人感到为难的是重建所需的资金问题。因为数额庞大，远非寺院自身的积蓄所能承担。而且，也不能从各位檀越那里强制征收。最后，我们只有采取募捐的方法，仰赖有心捐助之人的奉纳・喜舍（捐赠）。从决定重建那年起，在建功寺里也开始了请求捐赠的活动，还贴出了告示，恳请大家为了正殿的重建给予协助。

在这里，"奉纳"或"喜舍"这些看起来比较难懂的词汇自会出现。"奉纳"是指向供奉自家祖灵的菩提寺舍献净财，"喜舍"是指虽然并无自家祖灵供奉，但是因为有缘参拜而向该佛寺舍献净财。

向寺庙奉香资，在佛教中被称为"喜舍"，意为"欢喜舍弃"，这就是香资的意义所在。它是与人们常说的"寄付"

捐赠略有区别的一种行为。

香资要投入功德箱。为什么呢？当然是怀有"请给有困难的人使用""请用来修缮寺庙""请拿去为僧侣们添些生活必需品"等想法。

某位施主看到了告示。

那是一位年长的女士，每个月都会到寺中扫墓祭祖。她找到我，诚恳地表达捐款意愿。

"听说你们要重建正殿，我想奉纳一些钱款。"

这位女施主提出的金额，对个人来说绝对不是一个小数目。那一刻，我以为她一定是个有钱人。但是她接着说道："不过，我一下子拿不出那么多钱，所以请允许我分期奉纳。从现在开始，两年的时间里，我会每个月都带一笔钱过来。"

听闻此言，我马上对她说："不，请千万不要勉强。如果为了奉纳而影响到您本人的生活，对我来说将是一件非常痛苦的事情。您没有义务这样做。本寺在此郑重接受您的一番心意，仅此便足矣。"

但是，女施主仍然依时依季到访本寺，每次在祭扫墓地之后，便向寺院奉纳一定数额的资金。

每次面对她，我都会心存感激，双手合十。不是因为金额的多寡，而是为了她的善意而合掌相向。

这位女施主为什么愿为寺院做出如此大的奉献？本来，那些定期奉纳的钱，她可以随心所欲地用来买糕点，也可以含饴弄孙，尽享天伦。我一边收下她的奉纳，一边却总会不自觉地思考这些问题。我想，这位女施主无意个人享乐而坚持不懈地持净财供奉寺院，一定是缘于她内心深处坚定的喜舍精神。

"喜舍"还包含着另外一层意思，那就是舍弃自己内心深处的执着心念。将自己执着于金钱的心念放进功德箱，将人只为己的邪念随香资一起投入箱中。通过舍弃执念，让自己的心灵得到洗涤。唯有如此，才可称为"欢喜舍弃"。

若能做到对金钱"喜舍"，自然也能看淡这尘世间的种种他物，获得轻松、安然的生活。

卸下多余的心灵负担

"喜舍"一词,来源跟钱有关。但我认为,"喜舍"之心,不该仅仅囿于金钱。

那些令我们惶恐不安的事物,阻碍我们内心清净的事物,让我们陷入困扰的事物,迷惑我们做出错误选择的事物,阻止我们生活得更好的事物,难道不都应该欢喜舍弃吗?

在日常生活当中,人要不断舍弃附着于自己心中的执念。目光不要一味投向渴求获得的欲望,要不时地试着舍弃这种欲望。不是抱着"有即是好"的想法度日,而是要不断追问自己的内心。抱持这种"喜舍"之心过生活,心灵就会变得丰盈而充实,生活也会越来越轻松。

依时依季怀揣钱款来到寺院的那位老妇人,也许每次进寺参拜,都是来洗涤自己的心灵的,又或者是为了舍弃自己心中涌出的烦恼而来。

正如我们喜欢和让自己开心的物品在一起,物品也喜欢来到知足而快乐的人身边。

不妨试一试。

每月一次，最好是一周一次，找出一天让自己实践"喜舍"之心。断舍离也好，做家事也好，出去旅行放松也好，总之，在这一天，让自己卸下负担，轻松地饮茶吃饭，跳跃行走。

当然，生活在这炎炎浊世，无时无刻不被各种诱惑袭击包围。做到没有欲望，也是不可能之事。那么，我希望，在每个人心中，抱持着、谨记着"喜舍"之念，拥有轻松生活、舒适生活之心，拥有为他人奉献之心，以及不为自己的得失所困、为他人着想而生活的喜悦。此心此念人人都应具有。

心内常怀"舍弃之喜"，要记得去创造心持此意的机会，拥有心向此意的时间。然后，自己去思考和决定应该舍弃什么。单纯往功德箱里投入金钱并不是真正的"喜舍"，若问清心应舍何物？去思考这些问题才是关键。

卸下多余的心灵负担，感受身体的轻盈和每一次呼吸的轻松。此刻，你会感到另一种富足。

简朴生活，而不是节俭生活

挑剔地买，认真地用

节俭，生活节省，有节制。

简朴，生活朴素而简单。

这两个词，一般会被当成同一种意思来理解。但我认为，它们有着截然不同的含义，代表着两种截然不同的生活方式。

比如，有的人因为没有钱，所以生活尽可能节俭。那是一种什么样的生活呢？恐怕是要尽量捡便宜的东西买，秉持便宜至上的金钱价值观，进行生活上的选择。

那么，过着节俭生活的人，就完全不会浪费吗？绝对不是。比如，他们在商店里看到茶杯，标价五百日元五只。算下来平均一只只要一百日元。看到这么便宜的价格，他们会不自觉地买下来。尽管家里的茶杯还能用，也会因为便宜而购买。

或许是为了家里来客人的时候用，或许是为了不小心打碎旧茶杯时可以替换。可是实际看来，那些茶杯真的能用上吗？恐怕会在柜子的角落里长眠吧。

而另一种简朴生活，是一种朴素而简单的生活。只买必要的物品，并精心挑选。茶杯是每天都要使用的物件，所以必须要有一只。如果家中有两口人，就需要两只。因为每天使用，当然是以自己的喜好为准，哪怕价格贵一点，也要选择质量好的，自己真心喜爱的，能用很久很久。

因为是自己心爱的茶杯，用起来也会珍惜。爱惜地用，一只茶杯可以用上十年。那么，就算一只茶杯要五千日元，但能够用上十年，也已经物有所值了。更何况，这还是"刻着自己的名字"，越用越像自己的东西。

简朴的生活便是如此。简朴不代表不花钱，或是花很少的钱，它是一种自然而然的生活态度，一种追求简单而舒服的生活方式。与金钱无关。

所以，挑剔地买，认真地用，好的物品，能让你成为更好的人。

简朴是一种生活方式

节俭与简朴的饮食生活有什么区别呢？

因为没钱，所以只买便宜的东西吃。只要能吃饱肚子就行，眼睛只盯着分量足价格又便宜的食物，饮食追求节俭就会出现这种情况。

在如今的日本，有太多既便宜又能吃饱的食物。花上五百日元，就能吃到搭配大量油炸食品的定食。如果遇到米饭可以无限量添加的餐馆，花很少的钱就能吃个肚圆。但是，这种吃法对身体没什么好处。

节俭地饮食，看似省钱，实则对身体产生的负担是无形的忧患和损失。

简朴的饮食却不是这样。

我们僧侣的饮食生活就非常简朴，基本上是一菜一汤，几乎不吃肉。当然不像以前要求得那般严格，也可以吃些其他的东西。

与家人一起吃晚饭的时候，我会尽量与他们吃同样的饭菜。我也很喜欢吃有肉的咖喱饭。如果遇到工作方面的应酬聚餐，我也会和大家吃同样的食物。因为我不能要求大家只照顾我自己的一菜一汤。

但是，在平常日子里，我会尽量遵守简朴饮食的原则——以当季吃的蔬菜为主，饭量控制在最低限度。也许在大家看来，这种饮食非常节俭，未免寒酸，我却不这样认为。首先，每个季节，我都会选择新鲜的应季蔬菜来吃，没有比这更奢侈的事情了。另外，我不会吃得很饱，只吃身体需要的分量，绝不超出身体能够负担的量。

我已年过花甲，却经常被人称赞肌肤状态极佳。偶尔上电视节目时，化妆师总是说："枡野住持的皮肤真的太好了。怎样才能把肌肤保养得如此通透呢？"

我对自己的皮肤没做过任何特殊护理。如果我的肤质真有那么好，我想是得益于自己长年坚持的饮食生活习惯：基本上以蔬菜为主的饮食生活；吃应季食材，保持八分饱。一定是这种习惯带来的结果。

我每天都过得很忙碌。除了做建功寺住持的分内工作，还要去美术大学授课。只要时间允许，来自世界各地的"禅庭"的设计委托我也会接下来。多的时候一个月要出三趟国。工作如此繁重，我的身体健康状况却一直保持得很好。偶尔感冒，基本上靠自身的免疫力就可自愈。拥有如此健康的体魄，我想也是得益于自己的简朴生活。

要节俭度日还是简朴生活，实际上与有没有钱无关。并不是说没钱就只能节俭度日。如果没钱，请试着过简朴的生活。反而言之，如果有钱，也应该记住，尽可能让自己的生活过得简单而朴素。

房间里不要堆满物品，而是尽量简洁；仔细甄选真正需要的东西，精心使用，等等。这些就是为简朴生活能做的努力，一点也不难。

用这种方式生活，心中自然而然会变得清静起来。内心清净了，才能让更多的美好注入生活。

金钱须流转，己处莫滞留

我们在各种联结中生存

佛教中有一个重要的思想，叫作"诸法无我"。这也是构成佛教之根本的一种思想。所谓"诸法"，代表世间发生的所有事物。而"无我"，是指自我的存在不能代表一切。这句话是在告诉我们：在这个世界上，所有有生命的物质，都是在相互的关联之中生存。

即使是开在路边的一朵花，也是如此。乍看之下，它似乎是凭借一己之力在绽放，但是，花朵仅靠自身的力量绝对不可能盛开。种子要依靠鸟儿或其他介质来运送，被送到某处的种子又与土壤和雨水结缘，才能够开出花朵。正是有了与周围的联系，才会有美丽的绽放。

所有的动物以及昆虫都是如此，它们依靠相互之间生命的分享才能够存活。大动物从小动物那里获得生命，小动物又从花草昆虫那里获得生命。所有的生物，都不是孤立存活在这个世界上，它们都要借助其他力量才能够生存下去。

我们人类也是一样。人在年轻时总会有一种错觉，觉得自己是凭借个人的力量生存下来的。能够过上现在的生活，完全是靠自身的努力。不依赖任何人，自己也照样可以活下去。

如果你真的有这样的想法，那么请问，你是如何来到这个世界上的？我们不是凭借自己一个人的力量诞生于世间，而是依靠父亲和母亲结下的缘分获得生命，并且在很多人的照拂之下，才成长到现在。正因为有了人与人之间温暖的牵绊，我们才得以存活至今。

我们仅凭单个人的力量绝对不能存活延续。人类在相互之间互相关联的同时，也与大自然以及其他动植物因缘和合才能够生存下去。人绝对不会走出这些因缘之外。如果失去所有的关联，我们无异于将自身变成一种透明的存在。

我们是在各种关联中生存，要珍惜这种温暖的关联，不能忽视它们的存在。

对于金钱，我们也可以这样说。

自古以来，寺院都是作为某个地域中心而存在。村民们遇事都会聚集在寺院，久而久之，相互之间的联系也逐渐加深。孩子们会在寺院内玩耍直到日暮。人们如果遇到烦心事，会找寺院的住持倾诉。如果家逢喜事，也会不忘向寺院报喜。村民以寺院为中心，构建出较深的人际往来。

村民来到寺院里，会进香火钱。金额不论多寡，哪怕只有一点点也会投入功德箱。但是这些钱并不属于寺院。当然，在修葺佛堂正殿或修理佛具时会用到，但是大部分都会再次用于村民。

在村子里，有为钱所困的人，有因病不能劳动或者遭受了意想不到的灾难的人。这时，寺院就会将钱用在这些受苦的人身上。金钱绝对不会停留在寺院中，而是为遇到困难的人流动周转。

纵观历史，佛祖释迦总是会让金钱流动起来。那些仰慕和爱戴佛祖释迦牟尼的人，每天都会布施财物，供奉佛祖。但佛祖不曾将这些财物留在自己身边一刻，而是全部奉献给了困苦的人。从不让金钱滞留在自己身边，而是让它像河水一般流动起来，这才是"诸法无我"的思想境界。这样，自然内心也就不会纠结，达到一种轻松的状态。

我们活在众多的因缘中，拥有的金钱、物品都随我们一起在这因缘中流转，将它们流转起来，总有一天它们也会以另一种方式回到你的手中。

轻松生活之流转金钱观

我们设想一个普通人，为了保证往后余生不为生活所迫，需要一千万日元。

为了达到一千万存款的目标，他就会努力攒钱。可是，人性往往是贪婪的，当存款终于达到一千万的时候，他会觉得这些积蓄还是不够，必须要有两千万才说得过去。就这样，被两千万的诱惑牵引，一心只想着攒钱存钱，就连生活之需也想着省钱，本该拥有轻松舒适的生活，却让自己落入苦苦追寻的境地。

要有多少储蓄才好呢？究竟拥有多少才会感到满足呢？结论大概会因人而异。有人认为积蓄多多益善，也有人觉得不够多也没关系。

为自己划出一条底线吧。在未达到之前，努力上进，向着目标奋进；到达之后，卸下重负，学会关注生活本身。

要拥有达到标准便会知足的心态，这才是我需要你为自己设定底线的意义。知足是轻松的前提。当然，达到标准之后究竟是否足够并不可知，也许曾经认为够用，到最后却捉襟见肘。但是未来的事情本来就是不可预知的，如果总是因为尚未到来的事情而担忧，这一辈子也不可能过上轻松的生活。

与其吭哧吭哧存钱，不如让钱流转起来。

从禅的角度来说，金钱的流转也就是缘分的流转。如果把所有的金钱都留在自己身边，新的缘分就无从诞生。

没有新的缘分出现，其结果就是金钱也不再会流转到自己身边。

试想一下，你能够获得金钱，皆因缘分使然。因为你与公司有缘，才会为它工作，从它那里得到工资；如果你在做生意，只有与客户之间的缘分，才会直接关系到你的销售业绩。

由此看来，金钱亦可说是结缘之果。缘分所及之处，金钱会自然而然地流动循环。世间之事莫不如此。

不为赚钱、存钱之事所左右，而是有意识地使金钱流转起来，这才是轻松生活的金钱观。

金钱价值观体现生活态度

金钱价值观一旦形成,就不会轻易改变

人们看待金钱有不同的价值观。不同的金钱价值观也直接影响着金钱的支配方式。

这种价值观是怎样形成的呢?最关键还是受家庭的影响,父母双亲就是孩子的第一任老师。如果父母大手大脚,从不存钱,在这种家庭环境中长大的孩子也会同样浪费成性;如果父母小气,把钱看得很重,孩子也会吝啬,并且认为钱是最重要的东西。金钱的价值观和消费方式不在言传而在身教,通常是在父母的耳濡目染下自然形成的。

当然不只是来自父母的影响,还有成年之后的人生经验。有的人尽管在大手大脚的父母的养育下成长起来,但是因为成年以后吃过苦头,便自我修正了自己的价值观和消费方式。

这种情况并不常见，因为人对金钱的价值观一旦形成，就不会轻易改变。它几乎就是自身生活态度的体现。换言之，如果自己的金钱价值观遭到否定，与自身被否定是一样的感觉。所以，如何看待金钱，是一个很重要的问题。

以婚姻为例来说明金钱价值观的重要性。

在婚姻生活当中，如果双方在金钱的价值准则上有很大分歧，就会相处得非常艰难。一个是勤俭克己的节约派，存钱会使自己感到快乐。而另一个大手大脚地浪费钱，为了享受人生，从不吝惜花钱。如果两个人分别处在单身时代还好，但是一旦结婚，涉及共同财产的管理和家庭支出的消费，关于金钱的争吵就会越来越多。

恋爱时为了给对方留下好印象，会尽力克制自己的一些行为，掩盖自己的一些真实想法，去配合对方的行动。在这样的情况下，对方拥有怎样的金钱价值观和消费观，不是那么容易就可以看出来的。一旦结了婚，才发现对方跟自己并不是合拍的那个人，就有点晚了。

我听说过很多因为金钱观念不和而离婚的夫妻，也知道有不少因为金钱观念不同而分道扬镳的合作伙伴。这个世界上，因为金钱而反目成仇的至亲、好友，大有人在。如何看待金钱,是一件非常值得一再强调的事。

无论如何,请一定要和与自己合拍的人在一起。

任何事情都应有底线,金钱也是如此

有这样一个故事。

有一对恋人,男的很大方,约会的时候总是会主动付账。不仅如此,在和晚辈以及朋友一起出去的时候,他也会很痛快地把大家的账一起结掉。女方非常欣赏他这一点,觉得他"花钱干脆豪爽"。

于是,两个人很顺利地交往,并且结了婚。此前都是太平无事,但是现实生活终于开始了。婚后,女方发现对方的工资收入比自己想象得要少。但是,他在外面依然如故,花钱爽快,从不吝惜。谈恋爱的时候觉得很帅气的行为,一旦进入婚姻生活,就成了家庭开支的大敌。

如果请他"花钱稍微控制一下",他就会回答说,"最年长的人当然应该买单,我父亲就是这样告诉我的。在我的家乡,人们都是这样做的"。在他心里，一点都没觉得自己有任何浪费的行为，他认为自己只是做着应该做的事情。

这种情况，共同生活下去的难度会很大。因为双方都没有恶意，却依然造成了彼此的困扰。所谓没有恶意，指的是双方都不存在需要反省和改正的地方。改变消费方式，就等同于改变生活方式。这是一件非常困难的事情。结果，很遗憾地听说，这对夫妻在一起生活了三年之后，最终分道扬镳了。

在没有是非对错的情况下不得不离婚，为了避免这种不幸的发生，在婚前有必要认清楚各自的金钱观、价值观。当然，不可能完全达到一致，就算是亲兄弟都不一定会相同。

但是即便不会完全一致，至少要保持百分之六十的相同才行。而且，最好划定一个自己可以接受和认可的范围，保证相互在彼此适应的范围内活动才最明智。

无论是谁，都有一条不能退让的底线，无论如何也必须守住的那条底线。自己应该最清楚自己的底线。看待金钱的价值观可谓是一个人的内在核心，要将它拿出来，与对方的价值观认真比较。你有不能让步的底线，对方同样也有。在人与人的交往中，也有绝对不能融合，完全走不到一起去的情况发生。

如果在交往的过程中，很清晰地看到了相互的底线，大概就表明两个人无缘在一起。特别是金钱方面的分歧，是很难修正的东西，绝非勉为其难地做出让步就可以改变。

成长环境，是不能够改变和修正的。如果强求改变，只会出现更大的麻烦。在走到那一步之前，双方应该尽量向对方亮出自己不能让步的底线。

真正的幸福绝不是一人独赢

幸福诞生于人与人之间的联结

有一个词语叫作"独赢"。它所呈现出的状态表示,只有你自己从周围的人群之中脱颖而出。虽然周围的人全部受损,自己却独自受益。

拿工作来说,假使你取得了优异的成果,周围的同事完全没有拿出任何业绩,只有你独树一帜地取得了成功。公司当然会给你高度评价,还会给你升职加薪;又或者说,假使只有你的公司获得了巨大的盈利,你的公司利润在不断累积,大获其利,对手公司受损,下游企业度日维艰。

这种独赢的情况时有发生。从某些方面来看,它也具有无法控制的一面。但是问题就从这里开始产生。只有自己得到了公司的肯定,并不值得暗自得意;而自己的公司利润如果上涨，不要忘记也应将利润回报给客户以及下游企业。

"独赢"，听上去清脆悦耳，看上去荣耀加身。独赢的人，确实获得了很多。然而，这些获得都是暂时的，幸福感也是一时的。需要知道，当木秀于林时，风必摧之。

在佛教世界里，没有"一人独赢"的说法。不是说一人独赢的情况不存在，而是说佛教认为，一人独赢是无法获得幸福的。

只有自己一个人感到幸福，这种事情可能吗？幸福是在相互关联之中诞生出来的感觉，在人与人之间的关系里才会出现。离你最近的例子就是家人。在家人当中，哪怕只有一个人感觉到不幸，那么这个家庭就无幸福可言。

你会认为在家人当中只要自己幸福就可以吗？只要自己幸福，父母过得怎样都无所谓；只要自己快乐，孩子境况如何都没关系；只要自己能吃到美味佳肴，丈夫粗茶淡饭也无不可。大概没人会这样想。

自己觉得好吃的东西，一定会想让丈夫和孩子们也尝到；自己体验到的种种喜悦，都想跟家人一起分享，家人的悲伤和痛苦，大家也会共同承担。正是因为有着这种温暖的牵绊，家人才会成为生命中值得珍惜的存在。

人不可能一个人独自生存下去。人不能只祈祷自己的幸福，而应在对他人幸福的祈祷中生活。一个人独居的同时，也为生活在远方的孩子祈祷幸福。只有感觉到心有牵挂，人才可以活下去。

与自己的事情相比，你有更想优先考虑的人。与自己的快乐相比，你更渴望看到那个人的笑容。怀抱这份情，珍惜这颗心，比什么都重要。

给予他人幸福，自己也会快乐

假如现在有一件东西你很想得到，新手袋也好，新衣服也罢，总之是很早以前就想要的东西。用自己的零花钱，使使劲就能买得起。好，你下定决心，准备去买来。正在这时，你突然想起下个月是孩子的生日。

孩子一直特别想要某个玩具，你很想买给他做礼物。但是如果给孩子买了玩具，就不能买自己想要的手袋了。二者只能选其一。

那么，你会怎么做呢？一个是优先考虑自己，先买手袋。得到想要的东西，你一定会感到很开心。再一个就是放下自己心中的欲望，为孩子买玩具。孩子一定会非常高兴，他会喜笑颜开地对你说"谢谢"。

自己的满足感和自己所爱的人的笑容，哪一个能够使你感觉幸福呢？这当然没有任何强求你倾向某一方的意思。哪一种能让你感觉幸福，由你自己来判断，遵从自己的内心就好。无论做何选择，都是没有错的。

我只是想说一点，如果给予他人幸福，那幸福一定会回到你自己身上。给予他人幸福，最后都会为自己带来快乐。这是禅的教喻。

这不是要求你放弃自己的欲望，全心全意为他人奉献、为他人而活。

我不过是在告诉你，获取幸福的另一种方式。幸福是一种内心的愉悦、安详、平和、满足。

你有过去寺庙中祈祷的经历吗？虔诚地跪在佛祖面前，你都曾许下过什么愿望呢？

人们到寺庙去，在正殿前双手合十，在心中默默祈祷，"请让我更加幸福""请让我工作顺利"。愿望种种，大概都是为了"自己"而祈求。

可是，祈祷原本都不是为了自己，而是为了他人而做的事情。"请让孩子的病好起来""请让父母健康地生活"，与自己的事情相比，人们更多是为了他人而双手合十，发愿祈求。其实，这才是参拜祈祷的本来意义。

祈祷自己幸福亦非不可。人当然会希望自己幸福，但是在那之后，请默默合掌，也为他人祈祷幸福。不是只为自己的事情倾注心力，而是心怀众生，为他人祈福。有这种心意，人与人之间才会形成温暖的牵绊。

我一直相信，爱，只有流转起来才有意义。哪怕是付出了爱而没有得到回报，但是你付出的那份爱依然是流转到了某一个人身上。如此牵绊流转，爱才会存在于世界的每一个角落。

幸福也是一样呀。

第二章 与金钱相处

轻松而理性

金钱不是为了积攒而存在的东西。

清雅是一种人生的态度

什么是"会花钱"

比尔·盖茨曾说:巧妙地花一笔钱和挣到这笔钱一样困难。其实赚钱和花钱是人生最重要的社会活动,两者之间有着紧密的联系。生活中,人们经常会说某人会花钱,某人不会花钱。还有活钱、死钱,活消费、死消费等各种不同的表达方式。这些从前就有的表达,说明古人或许也对金钱的使用方法产生过困惑。

所谓"会花钱"是什么意思?而所谓"活消费"又所指为何?我想,它们都不是通过一问一答就可以简单解释的问题。在他人看来貌似是浪费的东西,也许会给本人带来满足。现在认为是无用的投资,将来或许又会为自己带来价值。金钱的使用方式,真的是一个比较难解的课题。

在思考有关金钱使用方式的问题时，我总会想起一段故事。现在我把它记录下来。

我曾认识一位女士。她二十多岁的年纪，在一家知名的大公司上班。除了工作，她也充分享受着自己而立之前的青春韶华。因为供职于实力雄厚的大公司，工资收入令人满意。再加上她依然跟父母住在一起，不用负担任何生活费。也就是说，她的工资尽可以自由花用。

她对时尚敏感，每到换季都会买来新款的流行服装，首饰等物当然也能够随心所欲地购入。而且，一年还可以享受好几次海外旅行。过着如此令人羡慕的生活，她的内心却感到不满足。确实，她拥有置装自由、海外旅行自由，但是她在内心深处，看见的是一个无法得到充实感的自己。

在公司里，有一位女性前辈是她的偶像。她们所属部门不同，但在同一个楼层工作。那位公司前辈刚三十岁出头，举手投足端庄稳重。虽然不是那种雷厉风行的女强人，其成熟风范却令周围的晚辈十分仰慕。

她注意到这位前辈的打扮，发现前辈总是穿着同样的衣服，一件雪白的衬衫配一条藏蓝色直筒半裙。看上去与时尚潮流毫无关系，但是简单素朴的造型和洁净清爽的风格，反而会带来一种新鲜感。前辈的工资收入当然也很丰厚，不至于买不起流行时装。

这位前辈似乎对海外旅行的兴趣不大，下了班之后也很少参加大家的聚餐活动。她究竟把钱花在了什么地方呢？或者，她只是喜欢存钱？

年轻女士一直心存疑问，终于有一次，她鼓起勇气向前辈请教："您看上去好像对时装和旅行都没什么兴趣，请问前辈都会在什么地方花钱呢？您不想生活得更加奢华一些吗？"

前辈笑了。

"我喜欢看书，所以经常会去书店，看到想要的书就买下来，从来不在乎价格。对我来说，能够自由自在地购书就足够幸福了。"

听闻此言，年轻女士如梦方醒。同时，她意识到自己的花钱方式是多么空虚无聊。

西方哲学家说：当我有一些闲钱的时候，我会去买书，剩下的钱再去买食物及衣服。物质的欲望就像一片茫茫的沙漠，没有一条路可以帮你寻到绿洲，而精神的财富却可曲径通幽，给你的生活带去无穷妙趣。与其花钱买时装享受一时，不如去买本好书受益终生。唯有通过读书，我们方可在物质与精神生活中保持宁静和平衡。宁静致远的轻松生活，正是从阅读中而来。

寻找最重要的东西

人生是由一个个选择组成的，我们每天都在做选择和取舍。而背负的东西越多，走起来就越累，所以我们需要明确对自己而言真正重要的东西，学会放下无关紧要的，才能轻松前行。

对前辈来说，"重要的东西"不是穿着漂亮衣服在高级饭店吃大餐，或者奢华的海外旅行。"重要的东西"只是读书，仅此而已。

当然，如果自己非常喜欢时装，那么把钱花在买衣服上并无不可；如果海外旅行才是自己的梦想，那么尽管出游不必在乎花钱。但是，对我认识的这位女士来说，这些都不是她的真心欲求。她只是在与周围同事的相互攀比中，被迫去追求流行。只是为了换个心情而去海外旅行，只是为了这些简单而轻率的理由去花钱消费。后来她告诉我说，当时只感到一阵空虚猛然袭来。

从那天开始，她的消费方式一下子发生了改变。她已经不会每一季都去买新款时装，也停止了为趋附他人而进行的海外旅行。她开始专注去寻找对自己来说最重要的东西，去发现自己真正喜欢的事物。这就是所谓的面对真实的自己。

真诚地观照自己的内心，认真地自问自答。这样一来，也许就能发现对自己来说最具价值的活消费。

禅修当中有个词语叫作"薰习"。

日本自古以来就有换季更衣的习俗。春天来了，就要把冬天的衣物整理收妥。为了防止虫蛀，会在衣物之中放入薰香当作防虫剂。待季节轮回至冬季再临时，将冬衣取出，这时，和服上还留有香薰的味道。和服本身是没有味道的，这种习俗却让它沾上了好闻的香气。

人同此理。尽管自己的内心纯洁未染，但是如果身边有人心灵污浊，久而久之，自己也会生出邪念。反之，如果身边的人心地美好，自己的内心也会在不知不觉之间向善向美。身边人的心思心境就像薰香一样，转移到自己身上。所以，请与自己尊敬的人交往。这就是"薰习"之教。

花钱是一门艺术,更是生活之道。学会花钱,就是学会生活。可以说花钱买书读书,正是一种清雅的生活,这是浮华世界里的一股清流。在你周围,如果有人以美好清雅、独善其身的态度修行,不在意金钱、地位、贫富,而你自己也想像他那样生活的话,就尽量多与他相处。即便不直接模仿,他的心态气质也会自然而然地给予你影响,渗入你的内心,使你受到熏陶。

试着去寻找那些在你看来生活方式美好而清雅的人。这样的人,应该具有与他们的美好相得益彰的消费方式。世上不乏心地美好之人,去发现他们吧!环顾四周,相信不远处一定会有他们的身影。轻松生活中,个人生命的饱满与盎然,正是来源于一颗清雅自在的内心。

满足心灵需求的消费方式

一万日元的奢侈

消费带来的快感其实很短暂,如果不想因为过度消费带来空虚感,就应该以追求内心的丰富和轻松的生活为目标,尽量让人生因为消费变得更加充实,而不是仅仅消耗时间和生命。或许,这才是消费的最终意义。

如何消费才能丰富我们的内心世界?不单是满足欲望就可以,不只是单纯的花钱,而是要满足心灵需求。那又是一种什么样的消费方式呢?在考虑这些问题的时候,我总是会想起某对夫妇的故事。

那是很久以前,我在某杂志的一篇读者来稿中读到的故事。我想在这里转述给大家。

在某地,生活着一对六十多岁的夫妇。两个人从年轻时起就合力经营着一桩小生意。生意一直没有做大，收入只够他们维持生计。尽管不够富裕，两个人也勤勤恳恳，用心生活。

这对夫妇无子无女，上了年纪也没有什么可以依靠的人。如果生意做不下去，收入也就不会再有。为了将来考虑，两个人一点一点地攒着钱，从来没有过什么奢侈体验。他们的日子过得谨慎而简朴，几乎从未在外面的餐馆吃过饭，甚至想不起来上次在外面吃饭是什么时候的事情了。

某年的十二月，两个人的收入中非常罕见地多出了一万日元。如果按照多年习惯，他们应将这一万日元存起来，但是丈夫向妻子提议外出用餐。因为那年的十二月，刚好迎来妻子的六十岁生日。以往的生日，丈夫连礼物都没送过，而妻子依然毫无怨言，一如既往地帮手丈夫的工作。这一次，丈夫想让妻子享受一下哪怕只有一点点的奢侈。

两个人的一万日元晚餐，或许有人觉得钱太少，但是对那对夫妇来说，已经是非常奢侈的事情了。平均一个人五千日元的晚餐，以前吃过的次数大概屈指可数。两个人从早上就开始认真挑选晚餐的服装，兴奋又紧张。

所拥甚少却幸福充实

到了傍晚工作结束之后,二人收拾妥当,一起出发去到附近街区。该区与他们所住的街区相邻,乘坐电车大概有五站地的距离,有很多餐厅。两夫妇以前曾经数次路过,却从来没在那里吃过饭。

街上霓虹闪烁,炫目辉煌,各种店铺鳞次栉比,有意大利餐馆,也有法式餐厅,还有门庭装修精致的日本料理店,以及华丽气派的中餐馆。两个人在街上来来回回往返数次,研究着各家店铺摆在门口的菜单价格。

两个人有一万日元预算,进去消费是没问题的。丈夫对妻子说:"你来选,只管挑你喜欢吃的,哪家店都可以。"妻子却说:"我想吃拉面。你也喜欢吃拉面,对不对?"

于是,两个人进了一家拉面馆。这家馆子普普通通,很老旧,是在夫妻二人居住的街区也会有的那种小馆子。

两个人叫了拉面和煎饺,外加一瓶啤酒。他们几乎没在外面点过酒喝。这瓶啤酒让夫妻二人有了非常奢侈的感受。

"真好吃!这应该是我吃过的最好吃的拉面了!"妻子高高

兴兴地吃着拉面和饺子。

"在这里吃真的就满足了？"丈夫问妻子。妻子回答说："是啊！如果去高级餐厅，进去之后也不知道该点些什么，反而让人觉得紧张。不如像现在这样，跟你一起说说笑笑的，吃起来才更觉得美味。"

两个人在拉面馆一共花掉了两千日元。原本的预算是花掉一万，结果还余下八千，二人更多了一层欢喜。

"咱们留着这八千，等下次你过生日的时候再来这里吃。"妻子建议道。

就这样说定之后，两个人一边聊天儿一边向车站走去。

到了车站，有几个小学生在向路过的行人说着什么。他们好奇地看过去，发现孩子们是在为交通事故的遗孤搞募款活动。

学生娃用自己的一双小手抱着募款箱，扬声说道："请为交通事故的遗孤捐款。"两个人不由自主地想，自己如果有孙子的话，一定也会这么可爱。对膝下无子的夫妻二人来说，孩子们的身影仿佛正在释放出光芒，看起来是那么的闪亮耀眼。

两个人想到了同样的事情。妻子看了看丈夫，丈夫什么都没说，只是点了点头。夫妇二人一齐向孩子们走去，将手中的八千日元投入了募款箱。抱着箱子的小女孩先是吃了一惊，随后马上低头行礼："谢谢！"

在回去的电车上，丈夫对妻子说："今天过得可真不错！"

妻子应道："是啊！拉面也特别好吃。明天开始，我们继续努力工作吧。"

在摇摇晃晃的车厢中，夫妇二人相视而笑。

时隔多年，如今这对夫妇恐怕早已退休，也或许已经离开了人世。两个人的晚年生活是怎样的呢？我无从得知。但是我相信，他们一定拥有内心富足的晚年时光。虽然不富赀财，却共同度过了非常幸福的人生。

懂得为他人奉献的人，才算是度过了更加充实的人生，活出了生命的真意。

你的"人生优先级",决定你的生活

明确人生的优先顺序

在人生的旅途中,经常会出现优先顺序一说:现下最应该做的事情,当前对自己来说最需要的东西,这种排序一定会出现。如果你可以设定好自己人生的优先次序,先专心于做好最重要的事,其他一切小事,便能轻松自如地应对。

大致说起来,十几岁的年轻人,应该以学习和运动为优先选项。为了进入社会而储备知识,培养出健康的体魄是首要任务。二十多岁进入社会,最重要的就是应该学习做一个对社会有用的人,或者寻找人生伴侣。结婚成家以后,守护家庭比什么都重要。这一时期,悉心教育子女便成为优先顺序之中的首位。在人生的不同阶段,应该做的事情不停地变化推移,如何很好地判断和区分它们是很重要的。

有的时期需要你暂停工作而将精力优先放在子女的教育上；有的时期需要你稍微将家庭放在一边，去专注磨炼自身的能力。而且，这种先后顺序，并不是某个人为你决定的。它往往需要你对自己有一个清楚的认识。

现在应该以什么为重，任何人都无法给出指导。通常都要由你自己来决定顺序。因为今日不同往昔，我们处在一个价值观极为多样化的时代。过去，人到了三十岁，就必须得找个结婚对象；三十五岁之前必须要生孩子。当今时代，早已没有了这些规矩。四十岁生孩子行，五十岁再考虑结婚也未尝不可。应该做出决定的是当事人自己。

从某种意义上来讲，这也是个非常自由的时代。可是，正是因为自由，才更需要清楚地认识自己，认真地管理自己的人生。自己想要过什么样的生活，人生中应该把什么放在优先位置，这些都是需要经常思考的问题。

人生中的优先顺序，与金钱的使用方向有着密切的关联。比如，现在自己最应该优先考虑的是积累工作经验。如果有了这个方向和决心，在积累经验方面就不会吝惜金钱。你会为了学习购入大量书籍，会为了收集信息出席各种活动和学习交流会；为了增广见识，加深学习，你可能还会去海外旅行。

你不惜为此投资，从不会觉得是浪费。

对优先顺序处置得模糊暧昧，是最不可取的态度。放在首位的已经很明确，但是还想在第二和第三位上花费金钱。如果可能的话，第四位也不想落下。当然，如果条件允许则另当别论，但是一般来说，人能够用于自由支配的金钱是有限的。如果贪心第二第三，那所有的项目都会变得不上不下，于是每个都会让你觉得不够满意。这往往会成为牢骚不满的原因。

如今，"钱不够花"似乎已经成了现代人的一个常态。网络让我们越来越会花钱了。"这个也想做，那个也想做。可是没钱"，有人总是会发这样的牢骚。我觉得，在这种人心里，一定还没有明确好先后顺序。因为没有发现当下最应该提供给自己的东西，所以做事才犹犹豫豫。在这种情况下，是很难得到满足感或成就感的。

要客观地看清楚自己目前所处的状况，冷静地找出自己应该做的事情，如果先后顺序得到明确，就将钱只集中用于占据第一位置的项目。这样，在收入和支出之间有充裕的空间，经济负担减轻，心里也更有余地。金钱的使用方式张弛有度，才算得上是灵活有效，用得其所。

花时间看清自己的需要，在当下的每一刻，都可以安享怡然自得的生活。

对最重要的东西信念坚定

坚定一种生活态度，不管是哪一种，并非易事。而且人生的优先顺序，是逐渐推移变化的。每一年都会发生改变。不，也许半年就会有所变化。半年之前放在第一位的东西，经过了半年的时间，也许退到了第三位。这些都不足为奇。

"无常"一词人尽皆知，意思是"世间万物无常存者"。世上的一切永远处在变化之中，没有任何东西是停滞不动的。不仅世间事物，我们人的内心也是如此。

昨天的自己与今天的自己就是不同的。昨天认为最重要的东西，今天或许会变成次要的，排到了第二位。如果你肯留意，就会发现这种情况必然存在。

有人也许会觉得"我太善变了""我心中的先后顺序总是在发生变化"，并为此而烦恼。但是人就是这样的生物。心思的变化是必然会发生的。昨天的自己不同于今天的自己，都在情理之中。因为世间万物皆无常。

但是，承认不断变化的自己，同时把握住心中的内核，对自己目前认为最重要的东西抱有坚定的信念。把最重要的东西放在首位，步伐坚定地走出属于自己的人生，这种姿态才称得上是自信。

请问：

"你最应该优先考虑的是什么？"
"你现在最想做的事情，心底的愿望是什么？"

请立刻找出答案。并且，只为你的答案投资。这时你投入的才是真正的"活钱"。这是他人无法判断的事情，没有必要在意周围人的看法，请相信自己找到的先后顺序。

只有从一开始就确认好了优先级，你才会生活得越来越踏实，才有可能过上令自己满意的人生。请拥抱变化，坚定前行。

"殊常有别"的消费原则

张弛有度,懂得放手

用钱节俭本无错,过度节俭以至于抠门的节俭却是很不可取的。合情合理地花钱才是健康的生活态度。

比如,偶尔出门旅行,心情会不自觉地豪爽起来。平常吃午餐会定在一千日元以内,但是旅行在外,念及难得出来一次,就会吃个两千日元的午餐,或者买很多伴手礼回来。大概很多人都有过这种体验。

冷静地考虑一下,这些或许都算是浪费。以旅行为借口吃比较贵的午餐,也许并不是真正必需。但是,从另外一个角度想,旅行中体验别样的美食和生活,可以为我们平凡的生活加点乐趣,让我们感受丰富多彩的世界。我觉得这样的消费行为无可厚非。

旅行是一种非日常的行为，处于一个非日常的空间，一个与平常不同的自己正在其中，在那个空间里面，享受一些非日常的事物。旅行结束之后，又会完完全全回到日常，在平淡的日子里努力生活下去。这种张弛有度是人所必需，何乐而不为？所以，旅行时稍微多花了点钱，也没有必要后悔。

"哎呀，花了这么多钱""超出了预算好多"，后悔这些东西，你从旅行中得到的快乐就会大打折扣。

已经花掉的钱不必追悔。一点奢侈换回的是快乐的回忆，所以只要记得当时快乐的心情便已足够。与其后悔，不如当下释然，接下来去考虑"明天开始还要继续努力，赚了钱再去旅行"。

不乱花销，拼命攒钱，当然不是一件坏事。每天克勤克俭，从不浪费地生活，是值得称道的行为，但是这种状况很难持久。过于强求自己忍耐，反而会被金钱所束缚。忘记放松，不懂得放手，你的内心就会被攒钱的执念所桎梏。

金钱不是为了积攒而存在的东西，是为多姿多彩地度过自己的人生而存在。金钱是人生的润滑剂。为了能够更好地利用这个润滑剂，要学会张弛有度地使用金钱，懂得收放自如的消费方式。

平常吃五百日元的午餐，一个月吃一次两千日元的午餐；平常用的都是平价化妆品，过生日的时候给自己买件高级货。也就是说，在金钱的消费方式上，也要制定"殊常有别"的原则。

看看那些会花钱的人就会明白，他们实际上是懂得适度消费的。

不会总享受奢侈，不会一味地乱花钱，才能让生活轻松舒心。为内心快乐而活，为丰富人生体验而消费，不攀比，不为钱所迷，才能活得通透，内心安静。

若有富余，大方分享

曾听一位女性朋友讲过这样一件事。

在她工作的部门有两个科长，A科长和B科长。部门的同事之间相处融洽，下班之后经常会相约一起出去喝一杯。同事们每次聚会，都会邀请一下科长。

邀请A科长，三四次里面大概会应约一次，多数是被婉拒，

"不巧今天还有别的事,抱歉抱歉"。但这三次当中的一次,A科长都会很开心地与大家一起喝酒聊天儿。

结账的时候,A科长总是会负担账单总额的一半,很爽快地把钱交给部下。五个人如果花费两万日元,他会出一万,然后说"不好意思,剩下的你们均摊一下"。于是剩下的四个人均摊一万日元,平均一个人花费两千五百日元。对年轻的部下来说,这是非常难得的体贴。

如果花费三万日元,A科长就会很痛快地拿出一万五。上司并没有这样做的义务,而部下一开始也没有让科长出一半费用的想法。大家总是会说"科长不要拿那么多,大家均摊就好了",但是A科长依然会笑呵呵地掏钱,大方地负担一半。

另一个B科长喜欢交际,逢请必到。而且,他还会带部下去自己熟悉的店,稍显高级。这当然不错,但是每次付款他都会很清楚地实行AA制。五个人就会精确地五等分,十几元的硬币也会分毫不差地向部下征收。

虽说是科长,工资与部下也不会相差太多。反而尚未成家的单身部下零用钱多一些也说不定。这样一想,平均分配的AA制付款也许是正确的做法。均摊的话,部下也不会心里过意不去。而且对B科长来说,如果负担金额不多,那么每次聚会就都能参加。B 科长一定有这样的想法。

但是 A 科长并不这样想。对于平日里努力工作的部下，他总想着做出一些表示，最起码要在聚会的时候出个大头。但是，如果经常为之，自己的零用钱也难以承担。所以不能每次都参加，但是只要参加，就肯定会大方付账。虽然 A 科长没有明说，他的想法部下却都已经心领神会。

在这里，可以看到两位科长不同的消费方式。没有孰优孰劣，也不分谁对谁错。只是我个人认为，A 科长的消费方式比较张弛有度。手头拮据时自不必硬撑，但如果稍有富余，就大大方方地拿出来分享。为人慷慨也是人际关系的润滑剂。

听到这个故事半年之后，听说 A 科长已经升任为部长。

清减钱包，就是整理欲望

因为看到，所以想要

"老师，杂志上说，要将钱包里面清理利落才能存住钱，真的是这样吗？"

有一次，一位女学生这样问我。这种半带算命占卜性质的问题，我难以作答，于是便开玩笑地对她说："真的会吗？如果有可以存钱的方法，我倒也想试试呢！"可是后来我突然想起这件事，又重新思考了一下，觉得这种说法也不无道理。钱包里面整洁利落，不放多余的东西确实很重要。

说点佛教方面的事情。

从前的修行僧，在常规修行结束之后，为了进一步积累功德，会到深山中隐居。他们为了更加专注于修行而远离尘世，独自一人到深山里生活，这才是修行的理想形式。

为什么非要到深山里去呢？要修行佛法、积累善业，在寻常的市井生活中应该也可以实现。在城里的寺庙中也能够修行。但是，胸怀志向的禅僧会特意去远离尘世的地方专注修行。其理由就是，生活在街市，精力很难集中在修行上面。

如果在城里的寺庙中修行，在诵经供佛的时候倒是可以集中精力，但是一旦离开修行场所，各种事物就会扑入视野。走在街上，眼睛会被诱人的美食所吸引；守在寺中，也会为檀越送来的物品分神。不仅如此，看到自己的饭碗就会想到茶饭之事。作为一个正常人，这种事情都是难免会发生的。

但是，如果独居于深山奥谷，就不会有不相干的东西吸引视线。外出行走，看到的只有树木河流。也就是说，那些会招来烦恼的"物"是完全不存在的。只有在这种环境当中，才能够集中精力进行真正的修行。过去的修行僧就是抱着这样的想法才隐居到深山里去的。

我们再反过来想一想当代生活。房间里到处都是物品，在不经意之间，我们就会看到它们。视野中充斥着各种物品，也就相当于被物品所控制。

倘若房间中摆着很多自己非常喜欢的兴趣方面的东西，比如数百个因为兴趣而收集的手办，你看着它们就会觉得非常快乐，从而治愈一天的疲劳。

但是反过来看，去赏玩房间里的手办，就会生出想要新手办的欲望。而这种欲望，只要所有的手办不丢掉，就会无休止地继续下去。

食欲也是一样。夜深时肚子感觉有点饿。你的心里也很清楚，在这个时间吃东西有害健康。但是一打开冰箱，你会看到很多食物，通常人们会不自觉地拿出来吃。

如果冰箱里是空的，或许你就可以忍耐到早上。如果房间里完全没有食物，就只能作罢。但是如果储存了一些不必要的罐头食品，就会在深夜吃起来。这个也是由物品本身唤起的人类的欲望。

清减的钱包便是你的内心

或许，钱包中的情形就类似这种情况。在发现想要的东西时，只要钱包里有钱，就会顺势买下来。尽管对这件物品的渴望尚未达到不惜刷卡或借钱消费的地步，但是只要有闲钱，就会出手买下。相反，如果钱包里没什么钱，你就会很干脆地放弃购买的念头。如果你是真心想要，下次记得带钱来就好了。

积分卡之类的东西也是一样。现在有很多店铺都发行积分卡，每次购物都会为你累积分数。如果购买生活必需品，会让人感觉很划算，但是似乎也有人为了积分数而特意购物，这完全就陷入了商家的陷阱。

积分卡可以有，但是不需要经常带在身上。只有当你计划去某家店买东西时，才有必要带上该店的积分卡。

例如，进了化妆品店，有想买的东西，但是不巧，你没带这家店的积分卡。那么，应该会提醒自己下次记得带上。可是回家以后，化妆品的事情已经彻底被你忘到脑后。这说明，对于不必要的欲望，大可以静候其变，任其消失。

清理你的钱包，这是一个很好的习惯。只放入当天需要的金额，但是可以另置一万日元以备不时之需。没打算去的店铺，积分卡就放在家中。这一点点用心，会帮助你减少浪费。

择日不如撞日，现在就请将你钱包里的东西全都倒出来看一看，把它们摊开在桌面上，只将明天需要的钱和卡装回钱包。

这样一来，你的钱包一定会清减不少。这只清减后的钱包，就是你的内心。减去你的攀比心和虚荣欲，真正过上从心所欲的简单生活。简单的生活，更能够给人带来舒适感。

无谓社交,是金钱时间的浪费

一百个朋友,不如一个可信赖的知己

在日常的生活费当中,有时会有涉及朋友间来往的开支。这就是所谓的交际费,即用于婚丧嫁娶等方面的费用。受邀参加朋友的婚礼庆典,或遇相识故去,都需要随附一定数额的礼金。这种庆吊仪式上的随礼,是社会生活中必不可少的开销,对于这种开支不应吝啬。与其说它是单纯的交际费,不如将它看作是必要经费。

但是我在这里想说的,是日常的交际费。被公司的同事或下属邀请,你就欣然赴约;在休息日的时候,朋友一邀请,哪怕自己有事在身也会尽量相陪。明知这个月已经没钱了,你还是会出去应酬。

每一次的开销虽然不大,但是如果次数增加,加在一起的钱也不少。如果是自己积极参与的倒还罢了，那属于个人自由。如果跟同事一起喝酒能够放松自己，减轻压力，这种开销就不是浪费。如果你很喜欢和朋友在休息日出去，乐在其中，那么花多少钱都无所谓。

有时会出现你本身不太想去，却强迫自己去应酬的情形。

有的人被周围的人评价为"随和易交"。喝酒聚餐如果喊他，他肯定会来。这样的人如果每天被人邀请，就每天出去应酬。渐渐地，他似乎成了一个很受欢迎的人。但是有没有可能，他同时也被当作是"随便的人"呢？

恐怕，在这种人的心里，他不想被别人讨厌，想讨好大家，想被所有人喜欢，特别害怕自己被孤立。我觉得是这种心理在驱使他们行事。虽然本意并不想去，他却担心断然拒绝会让对方扫兴，心里总有些谨小慎微。

我觉得这些都是无谓的担心，这种行为也不具任何意义。

朋友多多益善，认识的人越多越好，行程总是排得满满的，每天都会有人招呼自己……当今时代，似乎非常肯定这样的人物设定，而且这种趋势正在持续蔓延。

这种风潮的扩大，会让那些不擅长社交的人感受到不必要的压力和自卑。谁也不会邀请自己，周围没有可以称得上是朋友的人，他们会感觉自己是个没用的人，于是封闭自己的内心。这种人如果正在增多，我认为就是对表面上的人际关系太在意的风潮造成的。

跟谁都合不来，没有任何朋友，被所有的人拒绝，世界上并不存在这样的人。人一定会有心意相通的知己，有可以将自己的弱点毫无保留地暴露给对方的挚友。人一定会有这样的朋友，努力去寻找这种能让你真心信赖的朋友。

周围即使有一百个人，也没有跟一百个人全部交往的必要。在这一百个人里面，只要找到一个与自己投缘的就可以了。和一百个人都相处融洽的交际心理，只会让你越来越痛苦。毕竟，与所有人都处得来，是件不可能的事情。

从容面对每一份或走或留的缘分

真正交心的朋友，互相了解的朋友，这样的朋友不需多，一两个便足矣。如果能拥有三个，那真是赚到了。并且，要珍惜与真正的朋友之间的关系。

所谓"交心",是指相互都抱有为对方着想的心情。不是表面上的交往,而是心意相通。举个例子,朋友约你下个休息日出去玩。你因为还有别的安排,而且对游玩的花费也有点担心,就会拒绝他的邀请。

"下个休息日我还有事要做,以后再说吧。"如果对方是真正的朋友,就不会问任何理由,只是简单地回答:"好的,那咱们下次再约。"而如果有人各种盘问,想知道你不去的理由,或者因为被拒绝而觉得受伤,他就不是真正的朋友。我认为,没有必要一定要与这种人交往。当然不至于要故意吵上一架,渐渐地,对方就会自动离开。

有些人的离开是因为你不肯迎合、随他去就好、没有必要勉强自己去迎合对方。所谓"离缘"就是自然而然地分开。如果强行维系这种关系,结果只会让自己痛苦。

不要一味地想去扩展人际关系。如今,借助网络的力量,人际关系变得过于庞大。在手机的通讯录上,大概都留有数百人的名字吧?也许其中不乏从未谋面的人。

这些人真的都是你的朋友吗?他们只是"认识",不,也许有的连"认识"都谈不上。这种"似友非友"的人无论增加多少,都不会让你的人生变得丰富起来。

每天都和不同的人出去饮宴寻欢；每到休息日都会跟人出去游玩……所有这些行为，都不如和真正的知心朋友一个月见一次面，聊聊天。要知道，那个时间才是有意义的时间。

让我们再回到交际费的话题，交际费究竟是为了什么而存在？除了婚葬嫁娶这些特殊的场合，在我看来，日常的交际费是为了加深交往而存在，是为了加深你和你珍视的朋友之间的友情，是为了相互之间能够更加理解对方。交际费正是为了这种目的而存在。

对你来说，那些无谓的交往，不只是在浪费你的金钱，还会夺去你宝贵的时间，夺走你独立思考的时间，挤掉你与自己相处的时间。这些时间弥足珍贵，却都被白白挥霍掉了。

在你的周围有数不清的缘，试着去理清它们。

不必强行断交，也不必突然交恶。只是多一些从容，去静静地观看那些自然消失的缘分。

给自己制定金钱消费的"清规"

在攒钱的过程中，寻找另一种价值

有种东西叫作信用卡。即使手上没有现金，也可以当场买下自己想要的物品，听起来非常梦幻。我想几乎每个人都有一两张信用卡吧。

当你看到想要的东西，马上就想买下来，很痛快地掏出卡片说"刷卡支付"。这看上去很聪明，因为是借款消费。但是从刷卡的那一刻起，你就需要每个月返还借款，有时可能需要还一两年的时间。很多人对比心知肚明，但或许有些麻木，总是非常轻易地掏出信用卡。

我上大学的时候，信用卡还远远没有普及。如果有想要的东西，必须要攒够能买得起它的现金才行。为此，学生们会很拼命地去打工。即使有马上需要的东西，也只能靠贷款。学生贷款，不仅各种手续非常麻烦，而且办出贷款手续，还要面临一年之内还清欠款的压力。所以，在那个年代，人们不会轻易地想去贷款。

但是现在，年轻人也在使用信用卡，刷卡消费似乎已经变得理所当然，贷款的感觉渐渐淡薄。而当这些消费逐渐累积在一起，不知不觉就变成了一个还不起的数字。为了支付信用卡贷款，日常生活都变得窘迫起来。这种状态有什么值得赞扬的吗？

有想要的东西，一定要用现金购买。如果你给自己定下这样一个规矩，会怎样呢？比如，你看到了一个特别想要的手袋。因为要五十万日元，不是你马上就能够买得起的东西。这时你不是拿出信用卡，而是以五十万日元为目标，从那天起就开始存钱。

为攒够五十万，即使每个月能攒下两万，也需要两年零一个月。你从并不算多的工资里，每个月拿出两万日元存起来并不是一件容易事。为此，你也许必须在其他方面有所忍耐，必须减少跟朋友出去聚餐，为了你想要的手袋而拼命存钱。

就这样，两年过去了，你终于攒够了目标数字五十万日元。这时，有几个人还会想花五十万去买一个手袋呢？我想大概没人会去买了。

当五十万日元现金放在眼前的时候，为了它而付出的辛苦会瞬间苏醒，历历在目。为了攒钱，你连聚餐也不参加，每天都尽量找便宜的东西吃。当你回想起这些，会突然产生疑问，那只手袋到底值不值得自己为它付出五十万？因为是辛辛苦苦攒下来的钱，一定要用在对自己有帮助的地方才值得。有没有能帮助自己成长的消费途径呢？当你想到这里时，对你自己来说，就是懂得了价值之含义的时候。

不要刷卡购物背负借款，要有意识地要求自己攒下钱之后再买。这不只是为了避免借款，还能够帮助你在攒钱的过程中，达到寻找真正有价值的东西的目的。

自律的人，难以被欲望所左右

禅宗当中有"清规"，指的是"应遵循的守则"，就是在进行禅修时应该遵守的规则。有这个规则，修行僧全都努力在遵守这个"清规"的基础上进行修行。

与此相同，我们不妨也为自己制定一些"清规"。在金钱方面制定出自己应该遵守的"清规"，明确自己不应采取的消费方式，订立自己对于金钱要遵守的规则。根据自己的生活状况，心怀梦想，面对未来，制定规划自己的"金钱清规"。

但是切记，不要让这些规定太难以执行。比如每年一定要存下一百万日元。如果你制定了这种超出能力的目标，那么你的生存方式就变成了只视存钱攒钱为目的。对于存钱太过执着，你会很容易错过真正重要的东西。

在自己的能力范围内制定消费规则即可。重要的是要在自己心中明确对金钱的约定，将生活放在一个框架之内。这个框架，就是自己对自己的约束，即自律。也就是说，要着重培养"自律性"。

如果你能够做到自律，就不会轻易被欲望所左右。欲望得到控制，浪费的现象就会随之消失。

对于信用卡本身，我没有全盘否定的意思。我只是想说，对于信用卡的使用，要遵守自己的"清规"。要知道，你钱包里的信用卡，绝对不是取之不尽用之不竭的"聚宝盆"。

第三章 物质、工作与金钱

金钱与工作·金钱与人·金钱与物之间的关系

被物欲控制了内心的人,就是错失掉了最重要的东西的人。

放手一点点，幸福一点点

从舍弃百分之一开始做起

一个女演员拥有上万件衣服，她经常去二手旧衣店淘衣服，把无数免费或价格低廉的衣服买回家。

她的屋子里堆满了衣服，但结果是，当她想挑选衣服时，永远也找不到。甚至，因为衣服太多，她只能睡在地上。

虽然拥有这么多衣服，身边的人却认为她很土，一点也不时尚；她因为家里太乱，都不敢邀人做客……

所以，衣服多不等于时尚，更不等于幸福。

那么，"明知有些是没有必要的，该怎么做才能纠正这种性格呢？"

曾经有人提出过这样的问题。我认为，这不是性格问题，它类似一种癖症。那么怎样才能治好这种癖症呢？

对此，我给出这样的答案：

"从你所拥有的物品当中，首先拿出一件，试着去放手丢掉它。就算只丢掉百分之一的物品也没关系。不必一下子放手很多，首先要从百分之一开始做起。"

比如，你可以打开衣柜看一看。沉睡在里面的衣服恐怕足有一百件吧？从大衣到毛衣、T恤衫等，各季的服装加在一起，差不多会达到这个数字。并且，其中很多都不是平日里常穿的衣服。有的衣服买回来之后，一次都没上过身。甚至还有的衣服，你根本就忘了自己曾经买过。虽然有这么多衣服，可是当你在街上看到新款服装，还是会心痒难耐。这不完全是你自己的原因。商家也有很多巧妙的策略勾起你的欲望。打开充满诱惑的广告，你的购买欲无时无刻不在受到撩拨。而要不要配合这些策略，为它买单，主要在你自己。

如果想治好自己的贪欲癖，首先要从你的衣柜开始，请试着丢掉一件衣服。

从一百件衣服里一下子丢掉一半，是一件至难伟业。除非遇到不得不放手的特殊境遇，否则，在平静无波的寻常生活当中，丢掉一半衣服实难做到，而且也没有必要做到。进一步说，放手百分之十也并非易事。从一百件衣服当中拿出十件丢掉，会让你相当犹豫。但如果只是一件的话，就会变得可行。

整理大师近藤麻里惠建议，可以试着把衣服紧紧抱在怀里。让衣服靠近心脏，看看自己的身体有什么反应，如果感觉不心动了，那就可以将衣服舍弃了。

不会再穿的衣服，虽然买了回来，但还是觉得不适合自己的衣服。这种衣服你一定有，试着将它丢掉吧。

你也许会想，只丢掉一百件衣服中的一件会有用吗？不会有什么变化呀。其实不然。至少，你可以通过实际体验，明白自己拥有放手的选择。而且，在放手时你也会发现一个没有发生任何变化的自己。同时，还能体会到放手这一行为所带来的爽快感觉。

实际上，这一步就是一个转折，对于治疗贪欲癖至为关键。购买时有入手的喜悦，丢掉时也有放手的轻松。在整理不需要的物品时，房间里会变得清爽。身处一个整洁清爽的房间，心情也会不自觉地变得轻松愉快。当你意识到舍弃会带来快乐的时候，你的欲望正在不可思议地降低下去。

在舍弃衣服的过程中，你会重新正视自己与物品之间的关系，并对之进行调整，从而创造更美好的生活。

心无杂念舍去的金钱会回到身边

放手少量的物品，这种行为对于金钱也适用。

例如，现在你的钱包中有一万日元。你在路上走着，看到了车站里抱着募款箱的孩子。"请为红羽[1]募捐提供协助。"你心中涌起了想帮助他们的想法。但是从一万日元中拿出百分之十放入募款箱，也就是要捐出一千日元，还是需要勇气的吧。觉得心疼是很正常的心理反应。而且对于捐款，完全没有必要强迫自己。可如果是一万日元的百分之一，也就是一百日元的金额，你就会很痛快地捐出去，不会有太多的不舍。

---

[1] 红羽联合募捐，日本民间慈善机构，成立于1947年。募集到的公共捐款主要用于支援解决地区福利问题的民间团体，为养老院、孤儿院以及残疾人职业项目提供资金支持。

其实这就足够了。

一百日元，对生活不会有什么影响。不过也许有人连一百日元也会计较，这种人不愿从钱包中拿出哪怕一分钱。他会觉得，一百日元还可以买一罐咖啡。这种想法当然也没错。连百分之一也不肯放手的人，实际上都是执念太深的人，而执念这种东西，越强烈就会使自己越痛苦。

人会对自己占有的物品产生执念。东西越多，执念越深。如果一直执着于过去的人或事物，自然无法活在当下，展望未来。

当你对钱财有所取舍之后，会有一种被释放的感觉，你感觉不再被禁锢，未来有很多美好的事情正等着发生。

何为舍财？它不是让你把钱扔进下水道，也不是让你盲目地乱丢乱撒。所谓"舍财"，指的是要将金钱用在自身以外的事物上，可以捐赠给有困难的人，也可以给公司的同事买些小礼物。不是为了满足自身的欲望，而是为他人着想而使用的金钱。要懂得金钱所拥有的这种尊贵的价值。

并且，心无杂念舍去的金钱，一定还会回到你身边。不是说它会增值回来，而是说它会变成金钱无法衡量的善良、体贴的心，回到你身边。舍财修福，只要肯舍，财富会源源不断而来，所以不能够吝惜。有财要懂得施，欢喜布施，这样的人就有福了，这样的人绝对不会缺乏财富，愈施愈多，愈多愈要施。

每个人都试着放手一点点，每个人就会幸福一点点。我觉得，这才是世界应该有的样子。

整理四散在心中的物欲

现在渴望的物品,真是必要的吗

人的内心潜伏着一个名为物欲的妖怪。原本,对人类来说,只要食欲得到满足,有一个安全的住处,不生什么大病,也就是说,衣食住行皆无忧,就已经是很难得的幸福了。

我想,很多读者已经得到了这种基本的幸福。这是人能够存活下去的最基本的必要条件。具备这些条件,人就应该得到满足。可是,我们的欲望却不认可。它不满足眼下的幸福,还想索求更多的东西。它就是潜藏在人的内心深处的、名为欲望的魔鬼。修禅也可以说是与这个魔鬼之间的战争。

有句佛语说要"少欲知足",即奉行简朴的生活原则。因为欲望是烦恼的根源,而烦恼能遮蔽我们的佛性和智慧。唯有降低了物欲的需求,才能精勤于道业的修持。

很多人的心灵已经被物欲控制。尽管已经拥有，却还想要新的。无论包包还是衣服，在街上看到就想买。

物欲这个妖怪从不懂得满足。即使你得到了想要的东西，还会有新的物欲涌现出来。物欲召唤物欲，一刻不停，连绵不断地继续下去。从某种意义来说，这也是人性中令人悲哀的部分。

但是有没有什么方法能够让我们从物欲的掌控中逃离呢？有一个想法我在这里阐述一下。

关键是要认清自己现在的需求。为此，拥有能够客观分辨的眼睛至关重要。如果真是必需的物品，那么付出多少代价也要得到。例如，工作上需要一台电脑，那就必须要买。但是如果现在手上的电脑还能用，是否还有必要去买一台电脑，只因它载有新功能？或者，你真的有必要换一部新手机吗？

现在自己想要的物品，它们真是必要的吗？请静下心来去分析。

试着整理一下四散在心中的欲望。首先拿出纸笔，划分三部分，写出必需的物品和你想要的东西。

第一项是绝对必需的东西。

第二项是最好能够拥有，却不是绝对需要的东西。

第三项是虽然想要，但是现阶段没有必要的东西。

就像这样，试着将自己心中的物欲整理一下。

"戒为无上菩提本"，而戒律所规定的正是简朴的生活原则。欲望减少，我们的执着就会相应减少。

懂得"最重要的东西"，才会幸福

在上面分好类的三部分中，你应该买的东西其实只有第一项，即绝对必需的东西，只去买它就好。第二项和第三项的东西不要去买。忍住不买第三项应该很容易。因为目前没有它也不会对你有什么影响，划掉它只需要你忍耐一点点。难的是第二项。这些物品具有附加值，拥有它们确实会为你加分，再加上自己也很渴望得到，从第二项欲望移开目光是一项很有难度的作业。

并且，恐怕你写在纸上的东西，最多的都在第二项里面吧？第一项写的是绝对必需的东西，基本上你可能已经入手了。

如果是新冒出来的想法，数量一定不多，顶多一两个。

并且，在第三项即现在不需要的东西里面，并没有涌现出强烈的渴望。连自己都认为是不必要的，所以还没有真正形成欲望。问题的关键就在第二项所写的那些物品当中。实际上，第二项所列的物品构成了你的烦恼。请注意，这些烦恼是你自己创造出来的。

具体而言，比如手袋。我想，对女性来说，必要的手袋大概要有四五个。一个是工作时使用的手袋，它应该是商务用背包，可以放进文件等物；一个是婚丧嫁娶等重要场合需要用的手袋，它是成年女性的必备物品；第三个就是日常使用的背包，出去玩或休息日的时候用的休闲手袋。

如果有了这三个手袋，那么日常使用就不会发愁。可是，你不愿意总是提着同样的手袋去上班，于是就开始想要第二个上班用的手袋。这个就是你在第二项中写下的物品。

我们就从这第二个手袋开始行动，不要去买它。提同样的手袋去上班没有什么可惭愧的。你为什么会觉得不好意思？面对谁会让你产生这种感觉？实际上，这种羞耻感不过就是你的幻想。被一些不必要的幻想所控制，出现了非买不可的强迫性思维。你不觉得这种行为很愚蠢吗？

第三章 | 物质、工作与金钱

云水[1]修行者为成为真正的僧侣而进行修行，在修行时每个人得到的空间只有一张叠席[2]大小。在一张叠席大小的空间里放置寝具、作务衣[3]，以及个人用的餐具，还有缝补衣裳所必需的针线缝纫用具。

我以云水的身份进入修行世界，在被分配的固定空间里安排自己的日常起居，这种生活让我醒悟。看着身边最最基本的生活必需品，我开始领悟到"人所需要的东西，为了生存所必需的物品，实际上只有这些"。当我明白这件事的时候，心情突然变得豁然开朗，那种感觉至今难忘。

现在自己最低限度的必需品是什么？不妨经常关注它。听到"最低限度"一词，也许会给人一种不好的印象。有人会觉

---

1 云水，是对禅宗修行僧的一般称呼。为修行而云游四方，居无定所，似行云流水，故为云水。

2 叠席，即榻榻米，一张叠席的传统尺寸为180厘米×90厘米，约合1.62平方米。

3 作务衣，是僧侣在寺院内清扫、务农、处理日常杂务时所穿的劳动服。与正式坐禅、做法事时的服装有所不同。

得为什么要如此忍耐,并被一种失望颓废的情绪所缠绕。但实际上并非如此。

所谓"最低限度的必要物品",换一个说法就是"最重要的物品",对自己来说最重要的东西,对人生而言必须要重视的东西。当你明确地看到它的时候,你就能够感觉到幸福。

被物欲控制了内心的人,就是错失掉最重要的东西的人。

佛语说:少一分物欲,就多一分静心;少一分占有,就多一分慈悲。就是这个道理。

多余的物品扰乱内心的宁静

将心思集中在一件事物上

我外出的时候，只会随身携带最少限度的必需品。比如，去做法事，就只带僧侣必须要带的东西；去大学授课，只带讲课时需要的资料。除此之外，我不会带任何多余的物品外出。

这是从修行时代开始养成的习惯，这种习惯让我永远保持内心清净。为什么不带多余物品会使内心清净呢？因为可以将心思集中在一件事情上。

去做法事的时候，我只将做法事时要用到的物品装入包中，多余的东西一概没有。脑子里也只会想与法事相关之事。如果去做法事，还带着去大学授课时需要的物品会怎样呢？看看包内，在看到有关大学的资料时，头脑就不能够集中在法事上。

人的思维总是会被进入视野的东西所左右。当眼睛看到多余的东西时，就会产生多余的想法，从而不能集中面对眼前的事物。

女士背包中的内容我不太了解，但是我经常会看到背着大号包袋的女性，大到几乎不必要。只是短暂外出，却要背着旅行都够用的大号包包，她的包里面究竟放着些什么呢？放那么多物品，都是当天需要的东西吗？也许，包里到底有些什么，连背着包的本人也不甚了了。

令人感到不可思议的是，有时候物品之间会相互吸引。比如，包包里放了很多化妆品。口红之类的也许需要，但是其他的东西恐怕不带也可以。可如果不带上，心里又会感觉不踏实，索性就把所有的化妆品和化妆工具都装进去。

在电车上闲来无事，你会注意到自己大号包包里的东西。这时你发现，有的化妆品瓶已经见底，于是你会想"就剩这么一点点，该买新的了"，下了电车，你直奔车站里的商场，买个新的化妆品补上。这种经验你是否曾经有过？

请认真思考一下。那个看起来所剩无几的化妆品，实际上不会今天就用光，也许足够用上好几天，甚至能坚持半个月。尽管如此，因为所剩不多而带来的不安，却让你对新东西产生渴求。这就是物物相诱。

如果那个化妆品放在家里会怎样呢？或许你会用一种宽和的心态去判断剩下的量。"快用完了，不过大概还能撑一个星期吧。"你会更加从容地思考，并且在最后的时刻去购买。这种才是不浪费的购物方式。

带着不必要的东西四处走动，就是被不必要的东西所挟制。明明不需要，却会误以为需要。最后累积起来，身边不必要的东西就越来越多。

极简，是一种对待生活的态度，排除一切多余的东西，只选择必要的东西去生活的生活方式。心无杂念，当极简成为实践，就成为一种伟大的力量。

房间里也是一样。房间里如果不必要的东西太多，也会出现物物相诱的情况，渐渐地把整个屋子都占领。所以，要让房间简单素朴，尽量创造一个眼睛不被物品遮挡的清爽环境。置身于这种清爽的空间里，心也会自然地安静下来。

我们僧侣在正殿中诵经，正殿里没有任何不必要的东西，这是本分。如果正殿当中满满当当，到处都堆着点心、孩子的玩具，结果会怎样呢？在那样的空间里，就算是修为较深的僧侣也难以集中精力诵经。而且，一个作为净域的空间就不存在了。要知道，人的心态总会受到所处空间以及身边事物的影响。

"或许需要"的东西，九成都不需要

今天你要去哪里？要在那里做什么事？去那里的目的是什么？首先要搞清楚这些事情。

再有，你今天要去的地方，需要带的物品是什么？"这个大概不需要，但是还是带上吧。"如果有这样的东西，不如就放在家里。你认为"或许需要"的东西，往往九成都用不上。只带真正需要的东西，养成这样的习惯，就不会丢三忘四。

有人会说自己"经常忘东西"，糊里糊涂地就忘记了。但是这种人并不是单纯的马虎鬼。经常忘东西的人，是因为他没有搞清楚什么才是自己真正需要的物品，不会划分必要与不必要的界限。

事不宜迟，现在就请你查看一下自己的背包，从中取出你认为明显不需要的物品，怎么样？你的背包一下子轻了许多吧？那么，请将这些从包中取出的物品摆在眼前看一看。你应该意识到，这些物品，才是深埋在你心中的不必要的欲望。

舍弃的意义就在于，当你不再沉迷于没有价值的事物，好事就会越来越多地被你的气场吸引。

对待物品的态度,就是对待生活的态度

物品因缘分来到身边

我们身处在一个物质极为丰富的时代,有很多东西都被做成了一次性商品。在过去物质匮乏的年代里,人们对每一件物品都很珍惜,从来不会稍有损坏就马上换新。大家会尽可能地修理维护它们,精心使用。

你是否也有这样的习惯?因为便宜,所以觉得用过即弃也无所谓。就连有些还可以继续使用的物品,也会以便宜为借口,轻易地弃旧换新。

我认为,这不是价格高低的问题。我一直觉得,无论多么便宜的东西,能够来到自己身边皆因缘分使然。

即使是批量生产出来的一支圆珠笔亦是如此。在商店的货架上,有很多同样的圆珠笔堆在一起,你从这一堆笔中只拿出

一支。也许这样说显得有些夸张,但是当你拿在手里的瞬间,那支笔就与你结下了缘分。

一支圆珠笔油墨耗尽,很多人都会去买一支新笔替换它,但是我不会。即使没有墨,圆珠笔的笔身还是可以使用的。去文具店能够买到笔芯,换上笔芯就可以继续使用原来的圆珠笔。

买一支新的圆珠笔大概需要三百日元左右。但如果只买笔芯的话,五十日元上下就可以搞定。为什么不用五十日元解决问题,而非要去花掉三百日元呢?

并不是我吝啬,我只是不想那么随随便便就扔掉这支因为缘分而来到自己身边的圆珠笔。

我们僧侣从修行时起就养成了珍惜物品的习惯。比如作务衣,即便破损也不会弃之不顾,以新代之。如果哪里有开线,就把哪里缝补起来。草履的绊带如果断了,也会认真修好,继续穿用。除去一些自己修理不了的东西,我们都尽量自己动手修复,这并不单纯是为了省钱。要对自己身边的所有物品都心怀感恩,珍惜对待。因为我相信,只有拥有这样的心态,才能造就出真正的生活之美。

你既是物品的拥有者，又是物品的暂时保管者。换句话说，你只是在暂时保管手中的物品，而某件物品在特定的时间来到你手中和身边，也会在特定的时间离去——你不可能永远的拥有和占有一件物品，你和物品之间的缘分，也是有时限的。

在缝补作务衣时，会有一种感觉，像是在与自己的内心相对而坐。穿旧了的作务衣早已适应了身体构造，合体而熨帖，宛如自己的分身。看着它，仿佛与制衣人的心灵越发靠近，口中不由得喃喃道出感恩之语。

缝补开线破损的作务衣，实际上相当于在修复自己开线破损的内心世界。

小眷恋关系着对人生的大眷恋

有一些长年持续使用，已经不能再修理的物件，比如石磨。用上几十年之后，石料渐渐磨损，已经不能发挥石磨本身的作用了。这时，石磨应尽的责任已然尽到，但我们不会丢掉它。

一座石磨在完成它碾磨的使命之后，还可以踞卧于院子里，成为一块踏步石，继续发挥新的功用。也就是说，可以赋予它新的生命。一件茶具如果只有盖子碎了，那么杯身还可以成为一个小花瓶，插上单枝花朵。不能用的东西不是马上扔掉，而是为它找到其他用途，这就是禅法教示于人的"转化"精神。

在我小的时候，圆珠笔是非常贵重的物品。我的父母一直非常珍惜地使用一支圆珠笔，油墨用尽就更换笔芯。用了多年之后，那支笔终于完成了自己作为一支笔的使命，笔身出现开裂，几乎要断掉。我从父母那里得到了它。

我用这支圆珠笔在泥土上作画。一般来说，小孩子会找一些小石头在泥土上画画，但是小石头很难画出细线。而使用笔头尖尖的圆珠笔，就能够画出笔触纤细的线条。在小孩子看来，它简直就是一支魔法圆珠笔。过去的孩子们，就是这样一边实行"转化"，一边游戏玩耍。

在充斥着各种商品的现代社会，物质的丰富使人们丢掉了边修理边使用的习惯。如果更为实际地考虑，有很多东西，换新确实要比修理便宜。或许修理反而是浪费时间精力的无用行为，用过即弃也不完全是错误的。

但是我认为，不可太过习惯使用一次性物品。因为这种用过即弃的心理，会对很多事物造成影响。没用了就马上扔掉，轻易就可以换一个新的。这种习惯如果养成，对人往往也会以同样的态度处置。

对自己来说没用的人，排除掉就好。总是会有人可以替代他们，不断地去寻找有用的新人就行了。如果有这种想法盘踞于心，就很难拥有幸福的生活方式。失去感恩之心，不懂得珍惜他人，这也是对自己人生的一种轻贱。

如果你习惯使用一次性物品，习惯了用过即弃的思维，请试着让自己从这种习惯中稍微抽离。在丢弃之前不妨再稍做犹豫。静下心来，再看一看你将要丢弃的物品。因难得的缘分而与你相伴至今，请让它在你身边再多停留几日。这种微小的眷恋不舍，与对人生的深情厚谊之间，有着丝丝缕缕的关联。我相信它也与珍视他人的心意彼此相关。

只有舍掉执着，才能得到新的观念；能够放下不切实际的妄想，才能轻松上路。舍得的真意是珍惜，放下的本义是爱惜。

工作，是努力完成被赋予的使命

金钱不能替代人与人之间的关系

对人生来说，工作究竟是什么？劳作又是怎么回事？在每天的生活当中，我们有时会突然停下来，思考这些问题。

对此会有各种不同的回答。诸如工作是为了实现梦想而存在，或者是通过做有意义的工作来实现自我价值。虽然答案有很多种，但是我认为，究其根本，工作还是为了获得金钱。

人要生存，金钱就是必需之物。而为了得到赖以生存的金钱，只有通过工作来换取。人无法从这种必然的规则中逃脱。无论怎样渴望实现梦想，如果完全没有金钱收入的话，就不能叫作工作了吧。就像动物为了获得食物而四处奔走，我们人类也是为了获得生活食粮而必须工作。

再深入一些思考，工作也许就是为了挣钱。只是，挣钱却不是工作的全部目的。我们不只是为了得到金钱而活着。过于执着于挣钱，你就会错过更加重要的东西。这个重要的东西究竟是什么呢？我认为，那就是金钱无法替代的人与人之间的关系。

比如，工作结束之后准备回家，你环顾四周，发现同事还有很多工作没做完，怎么看也需要两小时才能完成。这时你会怎么做呢？去帮助同事，也不能被算作加班，不能计入加班，就不能成为自己的业绩。如果单从金钱方面考虑的话，帮助同事完成工作只会让你遭受损失。

在自己有时间的情况下，不妨出手相助。尽管不能算作是自己的加班，但也为同事做出了一点奉献。一个人需要做两小时的工作，两个人一分担，大概一小时就可以完成。

这样，在工作结束的时候，同事会非常感激，"谢谢。真是帮了大忙"。这一声"谢谢"会让你的心中感到无比温暖。这是用金钱不能替代的工作。这样的工作做起来也开心，也只有这样的工作才能够长留心间。

真诚面对自己的"应做之事"

或许是欧美式价值观的渗入,在很多事情上,人们开始习惯泾渭分明,只要完成自己分内的工作便万事大吉。同事即使遇到困难,也与自己无关。不能算作自己成果的工作没必要去做。的确,在有些情况下,责任需要厘清。有关分割方式,却总有让日本人难以适应的地方。

今天的工作赚了很多钱,真是美好的一天;今天的工作完全没赚钱,真是毫无意义的一天。如果将工作与金钱直接挂钩,就会出现这样的想法。用以衡量一天过得美好与否、有无意义的标尺是金钱。

金钱不能决定一天的好坏。决定一天之好坏的,是自己是否完成了"应做之事"。

禅语有云,"一日不作,一日不食。"直译过来就是"如果自己应该做的事情没做,就不该吃相当分量的饭食"。这句话很好地抓住了"不劳动者不得食"的本义。或许是为了警戒那些不努力工作的人,借此提醒他们"不工作的人不应该吃饭"。

但是禅所说的"应做之事",不单是指工作。为了挣钱而做的工作并在"应做之事"的范畴之内。

人都会被赋予各种各样的职责。作为僧侣，每天需要晨起诵经，完成早课。寺院境内以及正殿的清扫工作也是被分派的工作之一。

每天清晨的诵经是没钱赚的，清扫院子也拿不到劳务费。如果有僧侣认为没钱拿就可以不诵经，也可以不扫院子，那他就是未能做到身为一名僧侣"应该做到的事情"。

那么，对你来说，"应做之事"究竟是什么呢？上司指示你做的事情也算吧？如果身为父母，有关子女教育的事情也算吧？帮助身边的同事，也许也是你被赋予的职责之一。"应做之事"，身边应该随处可见。认真面对自己的"应做之事"，一个一个去认真完成。

我认为，不被金钱以及得失所左右，只管面对眼前被赋予的使命，努力面对它们，那就是所谓的"工作"。

其中也有令人痛苦的工作，让你觉得没完没了的辛苦的工作，那些也都是分配给你的工作。无论那些工作多么艰辛痛苦，你一定拥有可以完成它们的能力。佛祖一定不会分派你完成不了的工作。你要坚信，自己绝对拥有能够战胜以及超越它们的力量。

人与工作之间,可以有一种单纯的爱

工作可以丰富你的人生

有时,人们心里会突然出现这样的想法,自己究竟是为了什么而工作?工作这么辛苦,我为什么还要做?

对自己来说,工作是什么,人们会为心中突然冒出的疑问寻求解答。为了实现自我,为了将来而积累经验,各种答案在脑中盘旋,可是,为什么到最后都是"为了挣钱"呢?

归根结底,我们只是为了钱而工作吗?我觉得不是。

我认为,工作是可以丰富自己人生的一项活动。劳作本身直接关系到自己的幸福,我相信这一点。

人只要活着,就必须工作。它不单纯是为了钱,也是为了自己人生的完整。比如,有数据表明,从事农业或渔业等第一产业工作的人，罹患痴呆症的比例非常小。为什么呢？我想是因为他们都拥有应该做的工作。

农民上了年纪就难以从事农业生产，但是尽管不能下地干农活，也可以做其他工作。例如，清洗采收上来的农作物，并把它们整理装箱。或者儿子媳妇下地劳动的时候，在家里帮着带带孩子。这些都是对社会有益的工作。人如果失去社会作用，变得不被任何人需要，那么无论他有多少存款，也不能说是幸福的。

工作，意味着自己在某些方面是个有用的人。如果过这样的生活，就应该不会变痴呆。

工作是禅的修行与训练的最佳部分。不论我们的工作是什么，都应该尽心尽力把眼前的一份做好。不论大家过的是什么样的人生，我都鼓励你们把它当作你们的修炼道场。

全身心投入而获得的经验定会成为你的财富

曾听过一个关于一位渔民的故事。这位已经年过九旬的渔民，

第三章｜物质、工作与金钱

从十五岁开始就登上了渔船。为了保障家人的生活，他每天都出海打鱼。但是随着年龄的增加，身体渐渐不那么灵活了。七十岁时，他决定退休下船。

下了船之后，他每天都会去码头，迎接海上捕捞结束的回港渔船，带头帮助大家做分鱼的工作。跟捕鱼工作比起来，分鱼作业对他来说易如反掌，所以他做起来得心应手，动作快速准确，令人惊叹不已。

但是等到老渔民年过八旬，分鱼的工作也做不动了。他饱经磨炼的身体，开始变得行动迟缓。于是他又转向下一个工作，那就是观察并解读海洋和天气状况。每天傍晚，他都会独自站在码头，仔细观察大海的情状，全身心感知海上吹来的风，闭上眼睛预测第二天的海洋状况。

回到渔业协会，他就会向大家通报："明天午后会下雨，出海捕鱼要做好准备。"可是，气象厅发布的天气预报显示，第二天仍将持续晴天。于是年轻渔民对他说，"老伯，天气预报说明天是晴天哦，没问题的呢。"但是实际上，在第二天的下午，海上果然风雨交加。

这位老渔民在捕鱼业里摸爬滚打了一辈子，在他看来，不能单纯依靠天气预报，他自己是最了解大海的。有时陆地上是晴天，捕鱼现场却是狂风暴雨，这是一辈子积累起来的经验赋予他的预知能力。

后来，大家养成了习惯，在出海之前都会到老渔民那里请教第二天海水海面的情况。这种工作当然是不计报酬的。但是为了第二天出海的年轻人，他依然坚持每天傍晚都站在码头。

这位老渔民九十五岁时寿终正寝。在过世的前一天，年轻渔民去看望他。他凝神观望窗外，对年轻渔民说道："明天中午开始会有暴风雨，要记得早点返港。"那是老人留在人世间的最后一句话。他完美地结束了自己的工作。

很多人从三四十岁开始就会考虑，自己到了六十岁，即使从公司退休，也想一直工作下去。为了能够继续工作，自己必须取得一些资格。而为了取得这些与现在从事的工作毫无关系的资格，他们拼命努力考资格证，认为总有一天会派上用场。

当然，去考取资格绝对不是坏事。但是取得了资格，并不能马上与工作结合在一起。而且，取得与现在的工作无关的资格，更多的只是让美玉空藏，无处展现。

所以，与其考虑这些，不如努力投入现在的工作。无论多么不起眼的工作，坚持就会有收获。越努力去做，就越有可能发展成有价值的宝物。到最后，年轻时培养打造出来的宝器，终会丰富你的人生。即便转行去做别的工作，现在的工作也不会白做。只要努力过，它一定会成为能够帮助你的力量。我觉得，工作就是这样的东西。

现在工作是为了挣钱，也许这很现实，但是，人不能只顾着挣钱。这个月拿到的工资，或许一个月就用光了。但是这个月在工作上的努力投入所带给你的经验，会作为资本扎扎实实地积累起来，一辈子也不会用光。

释迦牟尼认为"精进"非常重要，是达到开悟境界的修行方法之一。所谓"精进"，是指努力工作，心无旁骛地投入眼前的工作。我认为这就是帮助我提升心性与培养人格的最重要、最有效的方法。

真心所喜，不计得失

兴趣与工作保持一比九的比例

每天在忙碌的工作之余，为自己的兴趣花上一些时间是非常重要的。喜欢跑步的人，工作结束以后就去跑步；喜欢游泳的人，傍晚时会去游泳池游上几圈；喜欢画画的人，休息日一整天都会对着画板。沉浸在自己喜欢的事物当中，可以忘记平日里的烦恼。为了消除压力，人应该为自己留出兴趣时间。

但是，前提条件一定得是自己真正想做的事情。为追求流行而一时兴起，或者在朋友的劝诱之下才做的事情，都很难长久地持续下去。

有的人会因为自己没有爱好而自觉低人一等，被人问到"有什么爱好？"时，一下子回答不上来，因为他们没有能称得上爱好的爱好。没有可以引以自傲的兴趣爱好，让他们觉得羞愧，所以虽然不是那么喜欢，也会开始进行一些看上去能够装装门面的兴趣方面的活动。

比如，如果水肺潜水比较盛行，为了能向人吹嘘，就马上为自己配齐昂贵的器材；受朋友之邀去滑雪，自己虽然是个初学者，却一定要买很高级的滑雪用具。总之，这样的人非常要面子，在意别人的目光。在这种情况下的所谓兴趣爱好，只是有名无实的爱好。不是发自内心的喜欢，就不可能真正为之着迷。

没有爱好并不丢人。"我爱好工作"，也是一件值得骄傲的事情。努力去做自己一直渴望做的工作，越做越觉得自己还有很多东西需要学习，你会发现一个在努力的过程中，一点点成长起来的自己。这样一来，工作就会变得越发快乐。

没有必要将"工作"和"爱好"强行分开。只要是自己真心喜欢的事情，在它们之间就没有什么界限之分。观察那些在实际工作中取得了巨大成就的人，他们几乎都会说"工作就像是一种嗜好"。我觉得这很棒。

"有什么可以让人快乐的事情可做吗？""有没有什么能够让人忘记工作的爱好？"在考虑这些问题之前，不妨先试着让自己沉浸在工作当中。无论什么样的工作，一定都有它的有趣之处。在这个世界上，全然辛苦和无聊的工作并不存在。如果真的有那种谁都会觉得无聊透顶的工作，那它早就从世界上消失了。而且，各种工作的妙趣，不是别人教给你的，而是你在投入其中的过程中自己发现的。

有爱好是好事，但是兴趣爱好与工作的比例保持在一比九左右最为合适。工作占九，爱好占一。无论时间上的分配，还是金钱上的投入，都要将兴趣占比控制在一成。余下的九成花费在自己眼下的工作上才妥当。切记要将心力用在应该做的事情上。如果兴趣在生活中占去三成或五成的比例，那只是一种逃避现实的做法。

更有甚者，让兴趣占据自己生活的一半，那么必然会开始计算得失，会开始出现一些想法，认为这个爱好或许能让自己挣到钱。或者不用工作，单凭自己的爱好也能活下去。在这些想法诞生的瞬间，你的爱好就已经不是爱好了。好不容易拥有一个以享受乐趣为目的的爱好，如今却要变成折磨自己的原因，这是本末倒置。

以纯粹的心态对待最喜欢的事物

我认识一位女士,她工作多年,拥有资深的工作经验。在公司里,大家对她评价很高,部门下属以及公司晚辈也都很仰慕她。在工作上她表现出色,在生活中,她唯一的爱好就是插花。她在学生时代曾经学习过花道,从那时起便爱上插花艺术,并持续至今。现在虽然没有再去花道教室学习,却在自己的用心巧思中享受着插花的乐趣。

在她的部门,总是摆着一小瓶插花,隔几天一换新。这瓶花是她出于爱好自己插好摆出来的,插花的时间只用短短的五分钟,花材也所费不多。但是有了它,职场的氛围变得非常柔和。

有一次,一位公司晚辈想学习花道,恳请她传授一二。她当然没有理由拒绝。于是便借用公司的会议室,开设了一个小小的花道班,每周授课一次,所需费用只是买花材的钱。公司里开始有很多女性到她的花道班来学习。

几年之后,她辞去公司的工作回归家庭,照顾家人的日常起居。过了一些时日,她感觉生活中似乎缺了点什么。与忙碌的上班生活相比,她在时间上开始有了富余。

她心念一动，想起自己曾经在公司里开课教授花道的事情，于是重操旧业，开始教邻居们插花，只收取采购花材的成本。很快，她的花道教室受到好评，吸引了很多学生。

为什么会提到这件事呢？因为我认为，这位女士真正地抓住了兴趣爱好的本质。对于喜欢的事物，只需拿出"一比九"里面那个一的时间，就能够长久持续下去。不要带入任何得失计算，只考虑自己为周围的人带去的快乐。快乐与大家共享，兴趣就是以这样的形式推广起来的。

如果她在离职之前打算今后靠花道教室来赚钱，又会怎样呢？恐怕为了做好准备，即使在工作中也会考虑花道的事情。在离职之前，还需要跟公司的晚辈打好招呼，为自己的花道教室做宣传。如果这样的话，她的兴趣就不再是兴趣，而是变成了工作的推广活动。当出现得失计算时，周围的人也会渐渐变得疏远。

完全不计较得失是不可能的。正所谓在商言商，从某种意义上来讲，得失判断可以成立。因为工作不是做志愿者活动，在其中计算损益得失，是很正常的行为。

正因如此，才不要将它们带到自己的爱好世界里来。把损益计算以及社会地位带入爱好，这种爱好最终会变成一种很无聊的东西。对自己喜欢的事情,要带着一种纯粹的心态去做,花费一成的时间和金钱,这是享受兴趣并乐在其中的关键。

第四章

心持定境，不为金钱所左右

与物欲和执念的相处之道

让欲望即来即走，如过眼云烟。

面对金钱的焦虑，活在当下

将一切集中于"现在"

似乎很多人都会为将来心怀不安，而女性尤其会对金钱感到焦虑。有的女性虽然才三四十岁，年纪尚轻，却在担心老了以后的生活——到了六十岁能拿到养老金吗？只靠养老金生活的话未免太辛苦，必须要有足够的储蓄，最起码要保证有住的地方，应该趁现在把房子买妥才行。

虽然也有时代的原因，但像这样对将来感到莫名焦虑的人与日俱增。有备无患固然没错，为了将来而努力存钱也确实重要，但是如果一个人的内心被这种不安和焦虑所左右，才真的是令人不安的行为。这种心怀焦虑不安的人，很难正常地度过有活力的人生。

让我们来分析一下这种焦虑。当然，不安和焦虑的情绪谁都不能避免。连那些看起来境遇不错的人，心里也会有焦虑。焦虑的种类各不相同，人都是怀着或大或小的焦虑，在各种不安中活着。我不知道有谁会一点点焦虑都没有。

人感到不安或焦虑并不是不可以，但是不能被这种焦虑摧毁。关键是要如何面对自己的焦虑。

有所谓过去现在未来之说，在佛教当中称为"三世"。我们都是在"三世"之中活着，但是在禅的思想里，最重视的是其中的"现在"。其实何谈重视，对我们人类来说，拥有的只有"现在"，总盯着已经逝去的过往无甚帮助，总是去烦恼尚未到来的将来也毫无意义。做这些无意义的事情，不如将一切都集中于"现在"这个时间上。禅法有教，"活在当下"才是最重要的。

用心活在当下，坦然接受现实，专注将使你拥有强大的能量，斩断一切烦恼。

每天去感受活着的幸福

设想一下,我们所心怀的焦虑,存在于"三世"中的哪里呢?对于过去曾经有过的焦虑,比如曾经很穷,没有钱,但那都已经是过去的事情了。无论后来用何种形式解决了那些问题,属于过去的焦虑现已消失。如今还生活得好好的,就足以说明你已经战胜了过去的焦虑,或者说你已经忘记了它们。

焦虑存在于"现在"之中吗?比如,现在你就抱有某种不安,说它是因为钱不够也没关系。如果现在处于这种情况,那就没有时间去胡思乱想。你无暇烦恼,因为首先要解决目前困扰自己的不安,为此必须想尽办法做出各种努力,这样你就进入到一种与焦虑进行抗争的状态。人在真心抗争的时候,是不会感到焦虑的。如果今天没有食物,一定会行动起来想办法挣到钱,拼命去找日结制的零工打。人是非常神奇的动物,在竭尽全力行动的时候不会有焦虑情绪产生。不行动,只坐在一边发呆,焦虑情绪与不安的感觉就会悄悄潜伏进来。也就是说,对于存在于"现在"之中的焦虑,只能去直面它。在直面它的瞬间,它就不再是焦虑了。

接着,我们来看看"三世"之中的"未来"。实际上,这里才容易隐藏焦虑情绪和不确定感。心被尚未到来的未来所控制："要是钱不够该怎么办？""要是住处都没了该怎么办？""如果只剩下我一个人了该怎么办？"你的内心在自发地搜索各种焦虑，无端地让焦虑不断增生。未来的焦虑并不存在，是你自己在未来当中凭空创造出来的东西。

如果有人问："我很担心未来。该怎么办才好呢？"我只能这样回答："到那个时候再考虑吧。"

这种回答看起来似乎不负责任，也许还会被认为太过乐观。但是对于未来的焦虑，我只能做出这样的回答。

眼下需要认识到的一点是，"胡思乱想，百般烦恼不会有任何助益。所谓车到山前必有路，等到不安成为现实的时候再做考虑吧"。

并且，人具备"想办法"的能力，人被赋予了这种能力。就算是做不成什么，也会找到办法逃脱困境。要相信这种与生俱来的生存本领。

对金钱的不安，绝不是一件小事。在经济高速增长的时期都不可避免，在当今时代，这种经济方面的焦虑和不安更是不断增加。但是，如果只看到这些不安，整日与它们纠缠在一起，人生就会越走越阴暗。不妨把对未来的焦虑暂置一旁，将心思集中到现在这个时刻。

早上醒来，将窗户打开，让新鲜的空气浸润你的身体，让目光飞进湛蓝的天空中，你一定会觉得身心舒畅，感到无比幸福。请珍惜这一瞬的幸福。

请每天都去感受活着的幸福，那是一种奇迹般的幸福。只有在此时，才能让你忘却多余的烦恼和焦虑。端正内心，保持爽朗的心情，开始一天的生活，每天都会有好的缘分等着你。

轻 松 生 活 之 禅 式 金 钱 礼 法

不放任欲望留在心底

想买的东西，考虑三次再决定

行走在街上，人们会看到各种各样的物品铺陈于世。百货商店的橱窗中，魅力商品琳琅满目。人们正位于消费社会的中心，身处其中，要控制自己的欲望是一件比较困难的事情。

对我们僧侣来说，尽可能地减少欲望也是日常修行的内容。僧侣也是普通人，将欲望降到零点当然是不可能的。如果是较为年轻的僧侣，看到想要的东西也很无奈。看看电视，翻翻杂志，会受到一些物品的吸引都是人之常情。

在这种情况下，僧侣们如何处理自己的欲望，怎样送走这些欲望呢？那就是不去关注那些会让自己产生欲望的各种东西。实际上，修行僧的生活，是三百六十五天都要重复同样的工作。早晨四点起床，开始坐禅，每天的早课还在等着他们。

然后，要洒扫殿内以及回廊。接下来要用早饭，饭后要做各种被分派的工作和学习，还要养护修理一些必要的工具，日复一日，周而复始。

无论盛夏还是隆冬，这种平淡生活都一成不变。也就是说，在这种生活中，没有让欲望趁机而入的缝隙，因为不会见到引起欲望的对象，也就不会渴望获得。就连身上穿的衣服，只要有僧侣的正装以及作务衣就足够了。

一年三百六十五天，我几乎都是穿着作务衣或僧侣服度过。到大学去讲课，出国去建造"禅庭"，或者出席政府的会议，我也一直穿着同样的服装。所以，我从来没有为"今天该穿什么样的衣服"而烦恼过，非常轻松省心。也许这是僧侣的特权。

如果能像僧侣那样，将周围的欲望对象隔绝在外，就不会有越界的事情发生，但是对一般人来说，很难有这样的环境。在回公司的路上，各种商品都在诱惑着你，漂亮的衣服总是会闯入你的视野，隔绝它们是一件很困难的事情。

为了与诸多欲望抗衡，我提一个建议，那就是"欲购从三"。

走在街上，你发现一个非常漂亮的手袋，便不由自主地迈进店内，拿起手袋左比右照。当然想要买。看看价钱，咬咬牙也能够买下来。你可能会当场买下，这时的行为叫作冲动购物。这种冲动购物，大概每个人都有过体验，但实际上，却很少有人过后会真心认为自己买得好，并为此心满意足。

更常有的现象是，你会觉得"不买就好了""稍微考虑一下再买就好了"，或者在另一家店里看到了更加漂亮的东西。这种情况太常发生了。

首先切记，在想要买的当天不要买，那天暂且忍耐。一个星期之后再去那家店看一下，第二次也不买。过一个星期再去，第三次看如果你还是想买，就买下来。没有必要将欲望忍耐到这种程度。

我提出这种建议之后，实际上几乎没有一位女士会三度再访那家店铺。两次去同一家店的女士也不多。现在你明白了吗？对某件商品一见倾心，那种欲望其实微不足道。你甚至已经记不起曾经渴望的那种感觉。请记住，能够值得让你特意去看上两三次的东西，实际上少而又少。当你意识到这一点，就能够减少很多不必要的开销。

任欲望来去，如过眼云烟

接下来，我要介绍另一个送走欲望的方法，用这种方法可以避免某件商品夺走你的心思。简单来说，就是暂且忘记那件东西。

昨天看到的漂亮手袋，今天还是会想起它。工作的时候，那个手袋会不自觉地闪现在脑海。这种状态表明你的内心已经被欲望所控制。意义何在？

在瞬间，一种想要获得的情绪涌现，不要让这种情绪持续下去。谁都会有欲望瞬间，但是请尽量不要让这种情绪留在心里，因为它往往会发展成执念。而这种执念，才是生出各种烦恼和痛苦的罪魁祸首。

说起著名的一休和尚，曾有这样一段逸事。

有一次，一休和尚与弟子一起走在街上，不知从哪家店里飘出了烤鳗鱼的香气。

"啊，烤鳗鱼的味道真香啊！"一休和尚不假思索地说道。弟子闻言感到十分震惊，不由得望向一休和尚，心中暗道："师尊将这种破戒之事宣之于口，真的合适吗？"他想到了平日的训诲，僧侣不应该对鳗鱼的味道抱有欲望。

不一会儿，二人回到寺中。弟子突然不自觉地说道："话说回来，那个鳗鱼的味道，确实很香啊！"

对于弟子的感慨，一休淡然回应："你的心还在被那件事占据着吗？我已经忘记了鳗鱼的味道这回事了。"

一休的话语直入弟子的内心，弟子似有所悟。一休和尚想表达的意思是："有欲望没什么不对，那是人性使然，但是不能将欲望留在心里。"

看看现代人的欲望，一休和尚会怎么说呢？他一定会说："不要被欲望情绪所左右，让欲望即来即走，如过眼云烟。"

"本来无一物"是人的本性，我们不带一物生于天地，不带一物离开人世。过着不被欲望所扰乱的安稳生活，人生就轻松自在。

今天比昨天，成为更好的自己

因虚荣而攀比，不会过得更好

只要在社会上生活，就总会介意他人的存在，不自觉地拿自己跟周围的人比较。对方如果比自己强，就会嫉妒，自己如果超过对方，就会暗自得意，窃笑不已。如果通过相互切磋达到共同进步自是最好，但是人们只是单纯地比较，并为之欢喜或失落。尽管明白人是人，己是己，也还是喜欢比个高低，这大概是人类的共性。

金钱的消费方式，你是否有跟他人比较过？邻居买了辆新车，自家就也想买；朋友添了件新首饰，自己赶紧添上一件，完全像是在搞竞赛。在这些行为当中，隐藏着名为虚荣的心理。

人都有虚荣心，想让自己看上去更好，想让人觉得自己很有钱。这时，人往往会做出不切实际的消费，但是最后剩下的，只有悔恨与自我厌恶，而不会留下真正的满足感。

看看女性杂志上醒目的大标题，"提升一个档次"之类的言辞经常会跃入眼帘。比周围的人看上去高一个档次，似乎非常令人憧憬，其中也不乏一些优越感。而为了品味这种优越感，人们不惜费尽心力。这种心理不仅女性有，男性也会有。

这个"提升一个档次"，可谓是女性杂志上的关键词。那么，它究竟指的是什么呢？拿什么来衡量所谓的档次或等级的上与下呢？是什么与什么相比较之后被标注了档次的记号？完全不得而知，或者说完全没有任何实际根据。

在体育竞技的领域当中出现的名次等级，是有事实依据的，那是非常明确的东西，以提升名次为目标也成为一种激励。但是在我们的生活当中，并不存在这种明确量化的等级。正因为明白它是不存在的，才会特意创造出来，并去寻找与他人相比较的材料。总而言之，它是为了进行比较而创造出来的幻想。

所谓的"平均"或"常识"也是这种幻想之一。例如，"白领女性的午餐花费平均在八百日元左右""事业女性拥有昂贵的首饰是一种常识"，等等。千万不要被这种"平均"或

"常识"所蒙蔽。

大家都吃八百日元的午餐，但是你吃一个一千日元的午餐。于是，你提升了一个档次。想成为一个能干的事业型女性，你硬着头皮买下昂贵的首饰戴在身上，哪怕克扣自己的伙食费，也要攒钱买首饰。把这些行为写出来，你就会看出它们有多浅薄，客观地看自己的这些行为，谁都会意识到它们的肤浅可笑。

也许很多人都觉得自己不会做那么肤浅的事情。但是请试着扪心自问，你真的对所谓的平均毫不在意吗？真的不相信并无根据的常识吗？你未曾单纯地为了虚荣而浪费吗？没有因为攀比之心而迷失了自我吗？现在请自问自答。

禅学里，"与他人比较"是最要不得的心态。摆脱虚荣的束缚，舍弃攀比，掌握自由，心灵自然轻松。

你需要在意的，是你自己

依禅法教诲，人不可与他人攀比。与他人攀比会产生多余的欲望，比较之中会生出烦恼和焦虑。当然，在意别人是很正常的事情。

在意别人与和别人比较是不同的两件事。在意他人，体现出温和与体贴的内心。但是与他人比较，则会发展为嫉妒心与幸灾乐祸的心理。

禅法同时也教导我们：应该比较的不是自己和他人，而是自己和自己。请拿一年前的自己与现在的自己进行比较，是否有成长？能否看到一年时间里的积累？更进一步说，请拿昨天的自己和今天的自己比较，能否看到一天之内的成长？

虚荣炫耀也是一样。若想炫耀，不是对他人，而是对自己。对自己所展示的荣耀，关系到自己的成长。

例如，上司交给你一项工作，这项工作超出了你的自身能力。上司有些不放心，他问："你能胜任吗？"这时才是需要你对自己炫耀的时候。"没问题，交给我好了。"你拍着胸脯打下包票。这表面上看起来似乎是在对上司炫耀，但实际上它是在对自己炫耀。这种炫耀并非是与他人的比较。

它是拿自己之前的能力与即将挑战的事物进行比较，并相信自己一定能做到。这种经历的积累一定会促使你成长。

提升一个档次，不应该是与周围比较。今天的自己是否比昨天的自己提升了一个等级？抱着这样的想法生活，一定能够掌握更高档次的消费方式。

拥有自己的生活思维，重拾心灵的平静。

轻 松 生 活 之 禅 式 金 钱 礼 法

幸福与否，与金钱无关

有钱也与幸福相距甚远的生活

从前的人类都是通过劳动进行等价交换。汗流浃背地从事农业生产，从早到晚拼命劳作，培育农作物，收获之后用来换取金钱。手艺人也是同样。他们花费几十年的时间学习手艺，掌握技术，制作出能为人们带去方便的物品。大家都怀着感恩之心去购买这些物品。在这些习以为常的劳动当中，人们能够感受到生之喜悦。

辛苦培育出来的稻米或蔬菜，即使卖不掉，也会留下来自用。有食物就可以维持生活。如果自己做出来的手工物件卖了之后还有剩余，就用它来换大米。也就是说，劳动，原本是一种可以将某些实体形态留存下来的作业。

可是随着时代的进步，劳动的性质开始发生改变。我们生活

第四章 | 心持定境，不为金钱所左右

的社会变成一个钱生钱的社会，其中颇具代表性的活动就是证券交易或各种投资行为。在电脑上操作，就可以进行金钱贸易，从而获取巨大的利润。只用几个小时的时间，就会有农民要劳作一年才能够赚到的金钱入账。我无意否定股票买卖或其他投资行为，但是，这些真的会带来幸福吗？

对于一个国家而言，一个只有数字变化的社会，能够称得上强大吗？瞬间获取的巨大利润，反过来说，也会在瞬间消失。在失去之后，什么都不会留下。不会留下任何现实中的"物"的痕迹。作为一个国家来说，这难道不是非常脆弱的表现吗？如果说工作全部都是为了金钱而为，那么人类的充实感要从何而来？

电视上曾经介绍过一位当冲客（day trader）[1]的故事。所谓当冲客，指的是在电脑上进行当日内股票交易并结清的那些人。作为一名当冲客，这位男士的表现堪称优秀。他整日盯着电脑屏幕，据说一天要进行数亿日元的交易。短短几分钟内，就会产生数百万日元的利润。

---

1 在网上频繁进出股市，当天冲销数笔交易以确保利益的个人投资户。

这位男士年过五十，单身。他一整天都要坐在电脑前，不敢离开。因为如果眼睛离开了哪怕片刻，就有可能错失买卖的最佳时机。他能够离开电脑的时间，只有上厕所和洗澡的时候。一日三餐，吃的都是从便利店买来的便当。

日本的交易市场收市，海外市场也会在深夜开市。所以，夜里也没有什么时间好好睡个觉。他的银行户头上，恐怕有以亿为单位的财富吧。但是，他依然住在窄小的公寓房间里，每天吃着便利店的便当。我不禁会想，这位男士的幸福感究竟在哪里呢？

执着于金钱，成为金钱的俘虏，我从中看到的是这样一个形象。当天的交易如果顺利，那么账户上的金额就会增加。他会为此感到快乐吗？也许不会了吧。如今笼罩在他内心的，是一种恐惧，是害怕交易受损，银行账户金额减少的恐惧。这种对于失去的恐惧，要大于获得金钱时的喜悦。如果明天的交易失败了该怎么办？他为此担惊受怕，夜不能寐。拥有人人羡慕的巨额财产，他的心却已经被一种强迫性思维所控制。这种生活与幸福相距甚远。

超出手掌范围，任其自然掉落

在美国的心理学研究中，曾经有个实验结果非常有趣。以年收入在五百万日元的人来举例说明。如果五百万日元的年收入上升到六百万日元，他们会感到非常幸福。涨到七百万、八百万的话，幸福度会随之逐渐上升。说到这里，大家都很容易理解。

但是与年收入同步上涨的幸福度，到了一千万日元大关之后，就开始不再上升。而在超过一千五百万日元之后，幸福感反而开始下降。简单说来，年收入从六百万上升到七百万日元的人，比年收入两千万日元的人更能感觉到幸福。这个数据实在是耐人寻味。

与前文所讲到的那个当冲客所陷入的情形一样，年收入越高，就越会随之出现一种恐惧心理。今年的年收入已经达到一千五百万，但是明年如果降到一千三百万怎么办？人会开始担心这样的事情。对于减少或失去的恐惧战胜了增加和获得时带来的快感。这个实验也许就是在证明这条分界线的存在。

人有一种普遍心理，到手的东西就不想放下。对金钱是这样，对公司的职位等也是如此。对于已经得到的东西，会拼命去维护，不能接受它有任何减损，也不愿意将之拱手让人。害怕失去，为了守护而殚精竭虑，这才是执念。

增长的喜悦，获得的喜悦，拥有这些喜悦是很正常的。为了增长而不断努力，为了获得而拼命劳作，这不是什么坏事。但是当你得到超出自己手掌范围的数量时，执念就开始在心中萌芽。你会忘记努力的喜悦，只有执念在日渐增强。这时，幸福感就不会再出现。

请摊开双手看一看，有没有超出你手掌范围的所得？对于将要从手中掉落下去的东西，你有没有想拼命护住的心理？超出自己手掌范围的东西，任它掉落就是。拿不动的东西，想拼命拿住，总是会有牵强在里面。这种牵强在心中越积越多，最终会让你忘记幸福的感觉。

超出自己手掌范围的东西，任其自然掉落吧。如果觉得不够，努力再使其增加就好了。最重要的，是努力去做自己现在应该做的事情。不要为增减而担忧，患得患失的心不必有。禅教导我们知足，要了解自己已经很圆满，没有任何缺憾，安于现在拥有的一切，心无旁骛地生活。

幸福是与自己内心的对话

所谓"平均"和"通常",并无意义

人很容易跟周围的人比较,看到自己比周围的同事优秀,或者相反,看到同事升了职而自己却总也升不上去,就觉得自己真是没用。

禅法有教,人活于世,莫要攀比。攀比是对自己的折磨。大多数人都明白这个道理,却总是忍不住去比较。这也许是人类的通病。

话说回来,人也许都免不了要将自己与旁人比较,特别是在公司这种环境里,肯定会存在着竞争。工资收入以及职位,都有其相应的评判标准。在公司里,很难特立独行地宣称"旁人如何无所谓,我只管走我自己的路"。那里,不是一个可以无视周围而存活下去的环境。但是,人仍然不能过于被世上遍布的所谓"平均"以及"通常、常识"所左右。比如，每年政府都会发表家庭平均年收入的数据。日本每个家庭的平均年收入为四百万日元之类的。这些都是作为日本经济发展指标而列举出来的数据，不过是些单纯的数字罢了。

人往往会用这些"平均"来对比自己。自己的年收入如果高出这个平均值就会心中窃喜，如果低于平均值就会垂头丧气。如果自己公司的奖金低于社会平均奖金，就会觉得自己的公司太差劲，并开始羡慕那些在奖金高的公司工作的人。这些行为无甚意义。

不只是钱的问题，有人还会拿世上泛滥的"平均值"与自己相比。平均初婚年龄为二十八岁；初次生育的平均年龄在三十二岁；"通常"来说，一个家庭会在四十岁之前买房建屋；贷款的平均额是多少多少，在六十岁还清贷款是"常识"云云。

这些事情究竟是谁决定的呢？就拿结婚来说，有的人二十岁就成家，有的人过了四十才结婚；有的女性十几岁就生孩子，而有的到四十岁才第一次当妈妈。不买房子，享受租房生活的人也大有人在。人们都在各自的幸福当中生活。为什么要被所谓"平均"或者"通常"这种词汇所束缚呢？

请考虑一下，遍布世间的"通常"究竟是什么？而且，自己不在"平均"之中有什么不对吗？如果你能够认真思考，应该马上就会找到答案。所谓"平均"或"通常"，实际上并无实体相伴。处在世间的"平均值"正中的人，究竟能有多少呢？

二十八岁结婚，三十二岁产子，三十八岁盖房子，年收入完全符合国家发表的平均值。我想，在这个世界上，能够满足所有"平均值"的家庭恐怕绝无仅有。尽管如此，人们还是盯着完全像幽灵一般的"平均值家庭"而生活。这种生存方式有多荒唐，现在你明白了吧？

在日常生活里找到乐趣

现在，在媒体上经常会出现"下等老人"这种说法。退休之后只靠年金生活，没有积蓄，没有可以照顾自己的家人，每天生活得非常节俭，勉强度日，"下等老人"指的是这种老年人。

当看到"下等老人"这个词的时候，我的心中生出一种深深的悲哀。在悲哀当中，还包含着一股说不出来的愤怒。人有什么资格将别人分为"上等"和"下等"，又有什么根据做出这种分类呢？也许有些人会跟比自己更不幸的人比较，发现自己还算"中等"，并为此感到安心。还有些人在金钱方面略微富余，就把自己放在"上等"的位置，居高临下，傲视他人。这是多么空虚而卑鄙的行为呀。

用有限的年金过节俭的生活，那就是不幸吗？手握大把积蓄，住在漂亮的房子里就一定幸福吗？人的幸福并非存在于这些庸俗细节之中。

就算晚饭吃得很简单，但是夫妻二人能够互道美味，吃得香甜。即便是独身，也能够找到日常的乐趣，开心度日。感谢活着的同时，每天认真生活。幸福存在于这些事物当中。进一步说，今天也是这样活着的，你已经将奇迹般的幸福握在了手中。

不要与平均相比较，并去划分什么"上等"和"下等"。不要将人和人盲目对比，并找出差距。我认为，一个社会如果能够流行"下等老人"这种词汇，轻易地将人分优劣，这种社会才是真正的"下等社会"，你说呢？

在禅语之中有一个词叫作"主人公"。这也是经常会在电影或电视剧中出现的词语。实际上它来自于禅宗，含义是"人人心中都有佛"。这个"佛"，换言之就是"本真的自我"，如果说得通俗易懂些，那就是"自己的本来面目"。自己要如何生活？最符合本心的生存方式是什么样的？答案只能在你自己的心中。

"于你而言幸福是什么""最适合你的人生是什么样的"，请认真思考这些问题。我想，答案绝对不会从世间所谓的"平均"与"通常"中发现并获得。人不应与没有实体的数字进行比较，而应与自己的内心进行对话。

人生的幸福和喜悦，不在什么特别的地方，就藏身在再平凡不过的生活中。

不必划分黑白，人生本就如此

修炼一种"无所谓"的心境

避免非黑即白的判断以及区分优劣的行为，摒弃二元性思维，这是禅的基本思想。

我们总会非黑即白地看待事物：好与坏，美与丑，穷或富，以及成功的早晚，年收入的高低。总之，对一切事物都想简单划分，决定归属，并且，如果自己进入了好的一方，就会觉得安心，反之则会嫉妒他人。可以说，嫉妒和自我否定的情绪，就是从这种二元性思维中产生的。

这种对黑白的简单划分，不存在本质上的幸福。因为划分黑白的行为是无休止的。比如，与某位同事相比，自己的工资比较高。如果以胜负区分，此时自己就是胜方。但是比自己收入高的人一出现，马上就会被一种挫败感所侵袭。如此一来，若要持续划分黑与白、胜或负，这种情绪就会接连不断，永无休止。因为人生不可能所有都是白，也不可能在所有方面都能胜出。

如果能够这样思考，你就会明白，划分黑白的行为，对人生以及幸福来说，都是毫无意义的行为。

以金钱为例，年收入一千万也好，三百万也罢，这些也许都是无所谓的事情。因为这些都不是生存上的最重要的问题。当然不是说没有钱也不要紧，年收入为零也能够活下去，这种想法是错误的。如果认为金钱是完全无用的，你就不会去工作，而只是游手好闲。不去工作，只是一种逃避现实，胡乱混日子的人生。

无所谓，是指不被结果所左右。没有任何收入，不去工作而只靠着父母的退休金生活，这种生存方式大有问题。人首先要努力去做自己能做的事情，认真对待自己分内的工作。如果其结果只能拿到三百万的年收入，那也没关系。

只要心里有努力过的自信，最后的金额数字就不是大问题。如果想获得更多的金钱，只要加倍努力就可以。如果认为这些钱足够，就没有必要更加卖力。总之，决定权在你自己。

那家伙比自己早三年升职。在升职竞争上自己输了，可是在四十年漫长的职场生涯中，只迟了短短三年，不会有太大的分别。这短短几年，在漫长的人生中真的只是沧海一粟。

那个人长得漂亮身材又好，跟她比，自己输了。漂亮又有好身材，那个人就会比你更幸福吗？美人就没有烦恼了吗？光靠好身材就能活下去吗？

有人拿着高收入，却浑浑噩噩地度过人生。也有人虽然漂亮，却不被周围的人喜欢。我说这些不是为了安慰你，只是因为人生本就是如此。

金钱必不可少，只有一点也很好

完全消除划分黑白的心理还是很难做到的。

在这里，我提出一个建议：把握住一个原则。只在某一点上，不要跟任何人比较。对于某件事物，自己心中不会划分黑白。

比如，只在工作的成果上不去划分黑白，不落后于同事，但对于工资的审定不要计较太多。工资和奖金的制定划分说到底都是人为的。这里面肯定会有让人不服气的地方，不要让这种事情占据了你的头脑。不妨这样想，工资多一点少一点，对自己来说差别不大。

对你来说无所谓的事情，对你来说不那么重要的事情，去找出它们来，并且在这些方面，记得放弃比较，不去划分黑白。如果对方划分，那你输给他就好了，大大方方地输给他，有何不可？

世上很多事物都在被比较。请稍微拉开一些距离去看它们，你会发现几乎所有的事情都是无所谓的。这时，即便是已经被区分出来的黑白，也会马上改变。昨天还是白的，今天很有可能就变黑了。万物皆如是。

能赚很多钱也许不错。金钱必不可少，但只有一点也很好。因为在人生当中，钱多钱少都不是大问题。真正重要的，是要走出自己的人生。你被赋予的人生，谁都不能代替你去走。只有靠你自己脚踏实地，一步一个脚印地走下去。

现在，你是否正在被赐予的人生里认真地行走？如果要区分黑白，我想只有这一点值得区分。

发现幸福的捷径

去寻找负面背后正面的东西

战后,美国式价值观进入日本。用一句话概括,就是主张拥有的物质越多就越幸福。身边要有充足的物质,也需要有足够多的金钱用于购物。美国式价值观认为,这样的状态才称得上是幸福。

这种想法是否有些可笑呢?开始意识到这一点的年轻人慢慢多起来,我认为这是一种很好的倾向。

但是在现实生活中,还有很多人被这种美国式的幸福所左右,相信只要有钱就幸福,没钱是件不幸的事。确实,如果没钱,就会为生活所困。想吃的食物吃不起,只能忍耐。想要的东西也很难得到,也许会为"这个月的工资太少,真愁人"这种事情而叹息。可是请仔细想一下,你觉得发愁的事情,真的就是不幸的事情吗？压抑想吃某种食物的欲望，真的有那么不幸吗？希望你能明白，它们其实是完全不同的两件事。

钱少了很发愁，那么该怎么办才好呢？答案很简单，去把不足的那部分钱挣出来就好了。如果差三万日元，那就去打零工把三万日元挣出来。打零工挣十万日元可能比较难，但如果是两三万的话，还是应该可以完成的。如果不能去打工，那就想办法节约，把不够的那三万省出来。

钱不够就去打工挣，手上的钱少就节约。打工是不幸的吗？节约是一种不幸的行为吗？它们与幸福或不幸没有任何关系。人们容易将彼此并无关联的事情混在一起，从而误以为自己是因为没钱而不幸。

举例来说，因为没钱，所以不能去海外旅行。有人会为此悲叹。我想对这样的人说，如果真的想去，一定会想办法节约，攒出所需金额。如果做不到节约，那就放弃去海外旅行的想法。非常简单。

想去旅行，这种心情谁都会有。从日常生活中暂时脱离，去接触一个未知的世界，可以帮助你消除烦恼。

但是我觉得，旅行不单只包括海外游玩或远途观光。如果没有钱，小旅行是可以随时开展的活动。

乘上每天上班都会乘坐的电车，去与公司相反的方向看看。这很容易就能实现吧？在第三站下车，那里也许就是你从没去过的街市，呈现的是你从没见过的街景。在街上漫步，在某家兴之所至而发现的小饭馆吃个午饭。如果你觉得吃午饭的钱有些浪费，那么就在家里做好饭团带着。在你第一次见到的河边坐下，吃着自制的饭团。这种小旅行，一定会让你的心情变得柔和。有的人在旁人看来条件很好，但却总是喜欢哭穷，抱怨自己没钱，"去年出国旅行三次，今年还一次都没去。因为没钱去不了。唉，现在我过得太惨了"。这样的人，无论何时都不会有幸福感。因为他总是费尽心力在寻找不幸的种子。如果稍微有一点负面的事情发生，他就马上将其与不幸联系起来。也许可以称之为"不幸思维"。

把发生在自己身边的负面事件转变为正面的影响，这正是禅的基本思维。乍看上去负面，在它背后一定隐藏着正面的东西。去寻找正面，就是发现幸福的捷径。

幸福不以金钱或物质的形式存在

因为钱不够所以必须要打零工,那绝不是什么损失。有时候,打零工也会生就因缘,暖慰人心。通过打零工,你能够积累到一些新鲜的经验。或者通过节约,让你意识到自己此前过着多么浪费的生活。

没钱不算坏事,不会产生负面的影响,但是因为你将它定性为负,它才看起来百无一是。反之亦然,有很多钱就是幸福吗?很多人虽然有钱却感觉不到生活中的充实感,也有人因为有钱而陷入了不必要的不幸。这不是为了安慰没有钱的人而说的话。而是在说金钱和物质,与幸和不幸没有任何关系。

禅语有道,"心外无别法。"

幸与不幸并非是以某种形式体现,它们永远不会以金钱或物质等形式存在。因为幸与不幸,皆由你的心态决定。烦恼和担忧也是一样,所有的现象,其实都诞生于你的内心。这就是"心外无别法"所包含的意思。

不只是金钱,如果缺什么,就努力去补足它。为弥补缺失,只要能够行动起来就好。在这种努力当中，寄宿着真正的幸福。只收集不幸的种子，当然不能开出幸福的花朵。

那么，请将自己的内心切换到正面吧。

第五章
禅与极简生活艺术
关于真正的「富有」

现在的生活已经足够令人满意。但是还想再好一点点，只要一点点就好。

不期求回报的人生更加轻松

"彼此关照"的心态，细水长流的温暖

有个词叫作"Give & Take"，因为是英语，所以反映的当然是欧美的价值观。给了某人什么，作为回报得到了什么似乎合情合理。给予和被给予仿佛已是人的责任和义务。

对于这种想法我当然不抱异见，更无意反驳。但是将它放在日本，让我觉得有些不习惯。在"Give & Take"里面，似乎特别重视结果。自己为对方做到了十，所以对方也应该回报自己十。也就是说，"回报"完全是被当作一种义务来考虑。

日本人从前就有"彼此关照"的思维习惯，对遇到困难的人伸出援手是天经地义的事情。如果自己为对方做到了十，那

么对方为自己做的即使没有十也无所谓，因为自己不知哪天也会遇到困难，在那时，周围一定会有人向自己伸出援手。不是要求回报，而是以"彼此关照"的心态共生共存。这种细水长流的温暖是扎根在日本人心中的东西。

如今，欧美的价值观似乎已成为社会的主流，或者说商业性的思维越来越司空见惯，让人觉得"彼此关照"的精神正日益薄弱。

比如，你请朋友吃饭，很多人都会认为，这次是自己付账，那么下次朋友一定会回请。大家都会这么想吧？当然，这种关系如果能够一直维持下去是再好不过。但是情况并不会完全是这样。

如果朋友没有工作，没有什么钱，那么就变成每次都要由你来付账。遇到这种情况，你会怎么想呢？"总是自己付账真是太吃亏了，我决定再也不邀请他了"。你会这样想并断绝与对方的来往吗？如果是能够以这种理由断绝的关系，也称不上是真正的朋友关系。

反而言之，一直被请的那个人又会如何呢？他的心里一定会有愧疚和抱歉。一个诚实质朴的人或许会想：三次里面自己最起码要请对方一次才行，但是如今我没有这个能力，也许还是不见为好。

如果因为这种心理上的差异而使交浅缘薄，就会令人非常伤感。

若一味地追求回报，一些温暖的缘分就会逃离。为对方做到五就想收回五。请对方吃了一千日元的午餐，就盼着下次对方回请自己一千五百日元的午餐。总是考虑这种"Give & Take"的施受舍求，对很多事情就会都用金钱来衡量。也许生意是这种做法，但正因为是生意才可以如此界限分明。如果将其带到人际关系里，温厚和睦的关系就会渐渐消失无踪了。

真诚待人，不执着于回报，方能过得清净自在。

人生的收支结算单，模糊一些吧

少存得失和计较之心，是一种生活的智慧，亦是减轻内心压力的好办法。如果做什么事，真诚付出，不期待得到回报，你就会心安理得，心无烦恼。

曾经有位女士这样说道:"男朋友过生日,我送了他价值一万日元的礼物。所以,我过生日的时候,他一定会回赠我三倍价钱的礼物。我希望最起码要值两万日元。"

也许这只是她的玩笑话,但是如果出自真心,这种想法就太让人感到伤心了。

为自己喜欢的人买礼物,如果你认为对方对你来说很重要,很值得珍惜,那么你会尽己所能送对方很好的礼物,哪怕它很贵,贵到让你觉得有些吃力。你想看到对方开心的笑容,这种纯粹的感情才是最重要的。

递出礼物,对方会非常高兴,发自内心地对你说"谢谢",这才是最好的回报。"谢谢""我吃好了。真的是太好吃了",在听到这些话的时候,所谓的回报就已经完成了。如果你有孩子,在送给孩子礼物之后你会期待什么回礼吗?完全不会吧。你只是单纯地想看到自己孩子快乐的笑容,难道不是这样吗?

给孩子送过的礼物总是会忘记。你不会记得他十岁生日的时候,自己买给他的是什么。但是孩子会记得,当时那种快乐的心情在他们成年之后也会一直留在心中。并且,他们成年之后,会用自己的工资回报父母。再加上一句"谢谢你们养育了我"。对父母来说，还有比这种"回报"更令人感到幸福的事情吗？

不仅是亲子之间，成年人之间的关系也是如此。送给谁礼物，请谁吃了饭之类的，尽管忘掉好了，不必记在心中。如果总是为"曾经给他做了什么"而耿耿于怀，就总会有要求回报的心态。而对这种"回报"过于执着，连自己的内心也会变得空洞乏味。为别人做过的事情，就像风吹云散那样让它从心里消失无踪吧。

不是"Give & Take"，而是胸怀"彼此关照"之心。在漫长的人生里，如果有金钱的收支结算单，几乎所有人都应该正负为零。渴望收支结算为正数的想法，只用在工作上就足够了。人生的收支结算单，尽量让它模糊一些吧，这样你才能得到自由快乐，内心也会因此而平静。

款待，在于温柔之心、体贴共情

珍重而在意的款待之心

近些年来"款待"一词似乎很流行。日本人从古时起就培养起来的"款待之心"，是日本人所拥有的温柔心，在全世界都可以引以为傲。

关于用心款待，有一个很著名的故事。故事的主人公就是大家熟悉的一休和尚。

有一天，一休和尚的寺中要接待客人。那天风清日和，已经开始感觉到秋天的气息。一早，一休和尚就对弟子们说道："今天会有客人来访，请大家多多用心。"

当然，弟子们在此修行，每天都会将院子以及玄关周围打扫得干干净净。即使师父没有特意叮嘱，清扫也是他们每天例行的工作。但在那天，弟子们比平常清扫得更为仔细，特别是客人将要经过的场所，洒扫过后，纤尘不染。

"师父，我们比平常扫得还要干净。"

一休和尚听了之后，只简单地道了一声"谢谢"。

距离客人到达还有半个钟头左右，一休和尚慢慢地踱到了院子里，看见玄关入口周边被打扫得非常干净。他从院子里拾起几片落叶，丢撒在玄关周围，并且还洒了一点水在上面。

见状，弟子们交头接耳地嘀咕道："我们特意扫得干干净净，师父为什么要故意撒些落叶在上面呢？"

一休和尚回到房间，弟子们又重新到玄关入口去看。当他们望着从大门通往玄关的那条道路，心中不禁为一种特别的美所折服。

金黄色的银杏叶像是精心设计过一般，一片片散落在客人即将通过的那条路上。而因为洒了些水，银杏叶的叶片熠熠闪光，几乎看不出是枯败的落叶。

弟子们憬然而悟，他们望着院子想："原来，这才是真正的款待之心。"

关于"款待之心"，如果款待者与被款待者双方不能够达到情绪的一致，则难以成立。如果客人看到落叶，觉得"清扫得不够认真"，那就说明一休和尚的心意没有得到传达。也就是说，"用心款待"也问及被款待者的感受力。

在我看来，这是一个说明何为"款待之心"的绝妙故事。而这则故事中所包含的用心，在现代社会依然通用。

懂得照顾对方的心情

在人际往来中，有的时候会宴请别人，有的时候会接受宴请。作为人际关系的润滑剂，公司前辈会请晚辈吃饭。不是吃什么菜和花多少钱的问题，因为上级请下级吃饭是从前就有的习惯。

在这里，请客者有些事需要留心。款待方的心意都会体现在何处？一言以概之，就是不要为对方增加心理负担。

"今晚一起吃饭吧。"假如被公司前辈或领导邀请，当然会很高兴，但是如果囊中羞涩，心里就会有些担忧："接受邀请是很开心，但是要花多少钱呢？""不能让对方全额负担，那么自己该出多少才合适呢?"当然，也许有人会认为"既然是上司提出来的，当然要让他请了"，抛开这些人不说，大部分人都会思前想后，心有顾虑。

为了消除对方不必要的担心，做东者一开始就应该表明清楚"今天是我提出来请客，所以我来买单。"有的人觉得，反正是我请，所以不用特意说，付账的时候再说就好了。但是我认为，那不是发自内心的款待。

牵涉到钱的事情让人很难启齿。如果在聚餐时出现谁该承担多少等问题，气氛就会变得很微妙，快乐也会减半。或许你会认为自己出钱，所以没有必要在意，其实并非如此，请客方也需要具有为对方着想的能力。

那么被请方该怎么做呢？当然，首先要清楚地用语言表达感谢之意，"谢谢招待""今天的菜真好吃""今晚多谢你"，等等。

也许你会觉得感谢的话是应该说，但是如果你被请了多次，就会渐渐产生一种理当如此的感觉。上司经常请自己喝酒，开始的时候你诚惶诚恐，渐渐会变得麻木，最后就连感谢的话也懒得说了。这样一来，关系就很难维持下去了。

无论感觉有多么亲近,就算是请你吃过几十次饭,也要记住常怀感恩之心,表达感谢之意是非常重要的。也许你说了"不好意思总是让您破费,非常感谢",上司也只是"哦哦"地回应,让你怀疑自己的谢意没有传达过去。但是,从上司的角度来看,部下的感谢之词已经印在了他心里。每次听到部下说"谢谢招待",他就会想着下次还带你出来吃饭。所以,即便关系亲近,也不要吝啬感谢的话。

经常被上司请客吃饭,你自己也会想着做些什么回报,此乃人之常情。但是,对上司说"总是让您破费,今天由我来付账"也许不够合适,因为上司请部下吃饭并不要求回请。请客与被请是在同事和朋友之间发生的行为。如果将其带到上下级之间,反而会有一种辜负了上司的心意的感觉。

想有所回报,如果有心,不如旅行的时候买一些礼物带回来,很自然地递过去,"前几天休假去北海道旅行,带回来一些当地名产,非常好吃,请您一定尝尝"。或者,"回了趟老家,这是我家乡的特产"。不是特意去买礼品,而是作为"旅行的伴手礼"送出去,这是一种体贴的、照顾到对方感受的回礼方式。

总之,无论主客都有相应的礼节,而且实行起来也不是难事。

为对方着想，体察对方的心情，如果具备这些心思，就能够建立一种良好的关系。而且，我们日本有一个非常懂得照顾对方心情的传统。

幸福的尺码

心安、舒适，才是最好的状态

在某位男作家的随笔里，有段记述曾给我留下深刻的印象。那位作家对市井人生的描写非常传神生动，吸引了大批读者。在众多作家当中，他应该属于受欢迎的畅销作家类。

因为是畅销作家，他经常会被邀请去做演讲。原本就喜欢旅行的他，收到地方城市的演讲邀请，都会尽可能地应邀而去。

那是在去某个地方城市演讲时发生的事情。演讲结束之后，主办方用车把他送回酒店，并派工作人员办好入住手续，然后将他送到客房。被带到房间里的他吃了一惊，因为他住的是酒店里最好的豪华套房。

平常他住的都是普通的单人间，偶尔会住双人房，而这么宽敞的豪华套房他还从没住过。

主办方的人一走，偌大的房间里就只剩下他自己了。他在豪华的沙发上坐下来，却总是感觉不踏实。宽大的浴室看起来也那么让人不舒服，他一个劲儿地在房间里走来走去。

到了晚上，他躺在床上，觉得如果自己就这么睡过去未免太可惜，便窸窸窣窣地起身，一会儿去露台上看看，一会儿打开冰箱瞧瞧，翻遍了房间的每个角落，就这样折腾了一晚上。天已经快亮了，他还没能好好地睡上一觉。

这时，这位作家突然意识到：这么宽敞的豪华套房，不是我的舒适尺码。最让自己心安的尺码，最多就是略大一些的单人房，超过了反而会让自己不踏实。

这个故事平实有趣，也让我思考了很多。

我觉得，每个人都有一个适合自己的舒适范围。换言之，那就是自己的幸福尺码。不只在住房方面，在自己的所持物品、金钱方面也是一样。"适得其所"一词也许与之最为相近。

人都在各自拥有的范围之中生活。如果对现有的尺码不满意，想要更大一些的空间，就会通过自身努力去扩大它。例如，想让自己的工资再多三万，这样自己的尺码范围就能够增大一些。如果有这种想法，就会做出增加三万日元工资所需要的努力，尽力投身于现在的工作中。除了自己分内的工作，还想再多做一些。有这种朴实的上进心，周围的人一定会认可自己。最后，三万日元的增长也会如愿达成。

通过自己的能力与奋斗增加的尺码，才是能够让你感到幸福的尺码。如果是他人的努力扩大了自己的范围，自己没有任何付出而只是范围膨胀，其中一定有陷阱在等着你。

幸福就在脚踏实地的每一步当中

这是我从朋友那里听来的真人真事。某位四十多岁的男性，一直在中小企业工作，过着非常普通的生活。虽然升职也没有特别快，但是他对现阶段的工作和收入感到很满足，一家人住在一套不大的房子里。可以说，这位男士就生活在适合自己尺寸的幸福当中。

可是有一天，这位男士的生活发生了翻天覆地的变化。他买的彩票中了奖，金额很高的大奖。当然，他在公司里没有对同事说奖金的金额，只说自己中了彩票，隐瞒了数字。

他的生活却很明显地变得奢侈起来。看着他的变化，周围的人开始猜到实情，并且，这种猜测很快就传播开来。

听说他中了大奖，人们开始围在他周围，各种邀约也接踵而来。有人问他要不要做投资，有人邀请他开办公司，平时几乎没有什么往来的朋友也开始络绎不绝地向他借钱。他办公桌上的电话响个不停，内容都是钱钱钱。

这样一来，他在公司里就待不下去了。一个是给公司添麻烦，另外来自同事的嫉妒也非同一般。最后他终于决定辞职。

后来他怎么样了，无人知晓。他们全家都已经搬走，房子就剩下个空壳。朋友们想联系他也找不到联络方式。我从朋友那里听到的故事就到此为止。

对于从天而降的尺码扩张，让他不知所措，他不懂得生活在其中的技巧。在这个尺码中他也不能发现真正的幸福。他和他的家人现在在做什么呢？是否已经在某个城市，在自己合适的尺码中又重新开始生活？或者被膨胀后的尺码拖拽着，跟跟跄跄地活着？我只希望他能够找回自己的幸福。

你知道适合自己的幸福尺码吗？这个尺码你会常记在心吗？会不会与他人的尺码相比而无端地嫉妒？是否被扩增尺码的

野心所左右，而忘记了小小的幸福？

当然，有心扩大现在的尺码也很重要，它是一种上进心。但是不能一夜之间扩大。超出自己能力的事情不会发生。从一个七平方米的单间一下子搬到大豪宅也是不可能的。现在是七平方米，那么下一个目标就是十平方米，一步一步前进就好。一步一步，脚踏实地地向前走。努力会一点点积累，变大，只有在每一个坚定的步伐当中，才能够感受到幸福。

现在的生活已经足够令人满意，但是还想再好一点点，只要一点点就好。这一点点就像是味道恰到好处的腌梅子。去发现让自己感觉舒适的尺码吧，因为只有在这个尺码范围内，才有你自己的幸福。

为了留下什么而努力生活

记忆中的两个葬礼

作为僧侣，迄今为止，我主持过很多次葬礼仪式。葬礼，是生者送别逝者的最后场合。在那里，有各种人的各种回忆，也有各种重叠交加的人生戏剧。在这些仪式当中，有两个人的葬礼至今仍然留在我的心中。

那分别是 A 和 B 两位男士的葬礼。这两位先生过世的时候，年纪已经过了七十岁，他们都很努力地活了一辈子。我想讲讲他们的故事。

A 的家人，一直生活得非常富裕。A 毕业于名牌大学，后进入知名大企业工作，并在公司中平步青云，最后做到了董事的位置。

有时我会看到他来扫墓祭祖。即使退休之后，A 先生也依然穿着笔挺的西装，给人的印象是仪表堂堂。一眼就看得出，他具有一定的社会地位，并积累了相当的资产。

A先生去世的时候，他的妻子和长子为葬礼的安排来到本寺商谈。夫人对我说："先夫生前社会地位很高，大概会有很多人来参加守灵。大致算一下，应该不下三百人，所以守灵的接待就请按照三百人的规模来准备。"

接待三百人规模的守灵需要准备的东西很多，工作量很大，寺中上下都为这场大型葬礼忙碌起来。

守灵夜当天，来的人却比预想得要少很多。守灵仪式进行的时候，来了一百人左右，而且烧过香之后大家就都回去了。

"请用一些寿司，进一点清酒吧。"

负责接待的人殷勤招呼着，但是大部分人都只是酒水沾了沾嘴唇就离开了。空阔的会场内人影稀疏，寂寥到令人悲伤。

来参加葬礼的人个个西装笔挺，看上去都是有一定社会地位的人，但是没有一个人谈起关于故人的往事。

以何种形式留下自己活过的证明

另一位是 B 先生。B 先生在当地经营一家小型街道工厂。他高中毕业后就子承父业，接手了这家小工厂，努力地工作。

每次出现在寺中，他都穿着满是油污的工作服，大概是利用工作的间隙过来扫墓。他总是满面笑容地与我打招呼。

每次见到他太太，都会听到她抱怨自己的丈夫。

"他这个人啊，总是要为别人着想，所以工厂一点都不赚钱。家中债台高筑哦。我也很想能穿上漂亮衣服，去银座逛一逛，哪怕一次也好啊！"

虽说每次都抱怨，但不难从她的脸上看到幸福的神色。

一间小小的街道工厂，经营大概不会很容易。他们的儿子也不打算继承父亲的事业，大学毕业就参加了工作，成为一名上班族。而 B 先生本人也在心中决定，工厂到他这一代就结束经营。

因为工作繁重，B 先生连去医院看病的时间都没有。他走得非常突然。他的妻子和儿子为葬礼安排的事情到寺院来相商。看到他悲痛欲绝的妻子，我竟一时找不出安慰的话来。

"家父只是个寒酸小工厂的经营者,来参加葬礼的人非常有限。守灵仪式按照二十个人来准备就足够了,房间小一些也没关系。"

B 公子这样对我说。

"我家一直没什么钱,我也是靠奖学金读的大学。那间小工厂是做不下去的。说实话,父亲为什么要尽力守护它,我也不太能理解。"

在儿子的印象中,父亲从早到晚都在工作,父子俩很少有机会能说上几句话。从他的话语里,我也觉察出一点恨意夹杂其中。

到了守灵那天,情况却大大超出了 B 太太与 B 公子的想象。那天下着雨,很多人冒雨来到寺中,有的人甚至穿着工作服就跑来了。

到了晚上,没有一个人回去,大家一边喝酒一边谈论,回忆着 B 先生的种种往事。还有些人因为房间里容纳不下而在外面守着,他们在寒夜中流着眼泪,不肯离去。

"您的先生给了我很大的帮助。"

"那时要是没有您先生的帮助,就没有今天的我。"

"我一直想着什么时候报恩,没想到,还不等我实现这个愿望就……想想真是不甘心啊!"

还有很多人握着B公子的手,说着感谢的话。

"令尊的工厂,我们会齐心协力守住它。请不要担心。"

听到这样的话,B公子的眼中盈满了泪水。他找到我,告诉我说:"住持,也许我对家父有些误解。现在我从心里尊敬他。对我来说,他是最好的父亲。父亲留给我的这些宝贵的资产,我今后一定会好好珍惜。"

这就是A先生与B先生的人生,并没有是非对错之分。两位都在各自的人生中付出了很多努力,仅用葬礼上的情形不能阐述整个人生。

只是,接触了这两个人的葬礼,让我有机会思考,人活一世,应该留下的东西是什么。想留下自己活过的证明,这也许是人的本能,每个人对此都有所期望。留下子孙后代,留下财产,或者制作胸像雕塑,这种想留下什么的愿望或许都是本能的驱使。

每个人都想将自己在世上存在过的事实以某种形式留下来。但是应该留下来的，不应该只是形式上的东西。将眼睛看不到的"心"留在世上，也是这个人留下的一份财产。

你想以何种形式将自己活过的证明留在世间呢？我感觉，这不是上了年纪之后才需要开始考虑的事情。在迎接死亡的时候去考虑，已经太晚了。从年轻时开始，就要将这种想法放在心里。它一定会成为你人生中的路标，指引你人生前进的方向。

在一蔬一饭中触摸生活的纹理

抱怀感恩之心，郑重享用

在过去食物匮乏的时代，我们日本人非常珍惜食物。米饭吃得干干净净，颗粒不剩，是理所当然的做法。吃完碗里的米饭之后，还要在碗中倒上热茶，用筷子夹起一片腌萝卜，把碗壁再仔细擦一遍之后吃掉。尽管没有米粒剩下，但是碗壁上沾着大米中析出的淀粉质，过去的人连这些都从不浪费。

实际上，这就是禅僧的用餐方式，现在依然每天都在进行。在日本人的饮食礼仪中包含的很多做法，原本都是由禅修的礼法简化之后传播开来的。

我们禅僧对食材的珍惜从每天的行动中就有具体的体现。

寺院如果有自己的农田，禅僧会自己种菜，一次只采收够吃的分量。我们不会多采，用量总是控制在看起来似乎有点少的程度，而且萝卜顶上的叶子也从不丢掉。现在蔬菜店里卖的萝卜，从一开始就把叶子切除，吃都没吃就扔掉了。

我觉得非常可惜。萝卜缨子如果用芝麻油略炒一下，是很棒的一道菜。如果做腌菜，能保存好几天，而且萝卜缨子的营养成分很高，对身体非常有好处。

用腌萝卜擦洗饭碗，食用萝卜缨子，也许有人会觉得这些行为看起来非常寒酸。在蔬菜店买菜的时候，也不好意思要求店家把萝卜叶子留下，怕别人认为自己小气，觉得有失体面。一定会有人这样想吧。

可是我一点都不觉得这有什么寒酸的。你认为寒碜，我却认为这才是日本人自古培养出来的美好心地。

一日三餐，只将能吃掉的分量摆上餐桌，食材一定不会有任何浪费。对所有的食物都抱怀感恩之心，郑重享用。我认为这种行为与金钱无关，是心灵的美感问题。

回顾一下当代的饮食生活，你会发现有很多不具美感的生活方式。比如，很流行的"大分量"之类的东西。店家为了招徕顾客，全都贴出了"大份"或"特大份"之类的菜单。

尽管明显超出自己的食量，也有人会拼命往嘴里送，把肚子填得满满的。对于食材的内容不作考虑，只一味地做着填塞的工作，这不是餐食，而是饲料。观者对这种吃法也不会感到一丝美感。

"无限续"也是同样的道理。尽管已经吃饱了，但是因为可以无限量添加，不吃就觉得亏，于是继续吃下去。如果不尽量多吃几种就会觉得不划算。在那里，你能看到的只是一群吃饱了还在继续吃的人。就连狗儿或猫咪，吃到适合自己的量之后都不会再吃。这么一想，人吃个不停的样子，看起来真的很猥琐。

餐食对我们来说是非常重要的东西，它不仅维护我们的身体，也培育我们的精神。粗鄙的饮食生活，会让你的生活本身也变得粗鄙。放任食欲随意吃喝，会滋长其他欲望。吃这种行为，是影响我们身心的非常重要的行为。

饮茶吃饭，构建身心之美

禅语有云"饮茶吃饭"，意思是，饮茶的时候，精力就集中在饮茶这件事上；吃饭的时候，心思只集中在吃饭这件事上。

边看报纸边吃饭,一边吃饭一边时不时地瞥一眼电视画面,或者当饭菜都摆在自己面前了,却仍然喋喋不休地忙着说话,所有这些行为都是不美的。普通人虽然不必像禅僧那样食无言,但最起码,在吃饭的过程当中,还是应该专注于眼前的饮食。

中午出门,在外面会看到很多上班族吃午餐的画面,那是在他们繁忙工作中的一点点快乐。可是站在一边观察,你会发现很多人都对着电脑屏幕吃饭,或者一边跟同事谈着工作,一边急急忙忙地吃饭。

忙可以理解,但是,最起码吃饭这一点点时间应该专注在吃这件事上。当你品尝着当季的烤鱼,稍微联想到渔民不也很好吗?当你吃到新鲜的蔬菜,想到辛勤培育出它们的农民,也是一件很棒的事情。

暂时忘却工作,心无旁骛地享用你的午餐,感恩能够饮能够食。午餐时间只有短短二十分钟,请发自内心地享受它们吧。

好餐食,坏餐食,奢侈的餐食,贫寒的餐食,这些都不是金额高低的问题。无论多么豪华的宴席,如果只沉浸在交谈当中,就会连吃了什么都不记得。因为不合口味剩下,或者虽然吃饱了还会以"另一个胃"为借口继续吃下去,在我看来,这些吃法才可谓寒酸。

请你也重新审视一下自己的饮食生活吧。有没有以没钱为借口而对付？没有钱，也可以花费心思做出丰盛的饭菜。有没有因为突然有进项而大吃大喝、暴饮暴食？这是以损害身体为代价的消费。

请注重美好的饮食生活。我们吃的所有食物当中，都有生命寄宿其中。鱼类肉类自不必说，蔬菜里也蕴含着生命。我们获得和享用这些生命，才能够让自己活下去。

对这些生命，请心怀感激。我相信，它与身心之美息息相关。

不那么方便的生活，恰恰是修行

珍惜每一次使用身体的机会

由于电气化产品的发展，现代生活变得越发便捷。回想昭和二十年，当时所谓"三种神器"，即冰箱、洗衣机、吸尘器刚刚开始出现。这些方便家电的上市，让家庭主妇的工作一下子减轻了许多。它们几乎改变了女性的生活方式。

现在，这些已经成为理所当然的存在，甚至吸尘器，都开始出现了"扫地机器人"。人不用上手，它就会自己打扫房间，简直是梦幻一般的产品。

在过去的日本，清扫房间首先需要用水沾湿报纸，然后将其撕碎撒在榻榻米上，或者将喝过茶之后还带着湿气的茶叶铺撒在榻榻米上。这样做可以利用报纸和茶渣吸取地面上的灰尘，再用笤帚扫干净。这些是现在的年轻人难以想象的作业，但是在当时，每个家庭都是这样进行清扫的。

禅寺的修行僧们，即使在现在，也依然过着"不方便"的生活。正殿的扫除需要用抹布，拧干之后，需要动用全身的力量亲手擦拭。院子的扫除用的是扫帚。修行僧们使用最基本的必需品生活，没有不必要的存货。在这里，被现代社会遗忘了的生活方式依然保留着。

当然，对修行僧来说，日常生活本身就是修行。做清洁也好，吃饭也罢，在禅修当中，所有这些行为都是修行。虽然是在这种规矩当中生活，但我觉得，并不只有在修行时需要这样做，而是过这种不便的生活，能够磨炼身心。

在隆冬的清晨清扫寺院，动用全身擦拭正殿的地板。正因为这种有规律的生活习惯，僧侣才得以保持健康的身体和良好的精神状态。只要没有特殊情况，或者除去特别的修行期间，禅僧通常都是早上四点钟起床，晚上九点钟就寝，尽可能地活动身体，不吃超量的食物。禅僧的生活，从医学角度来看也是非常健康有益的。

生活越便利，人就越不会动用自己的身体。通过花钱来换取各种方便，代之以失去使用身体的机会，这究竟是不是一种幸福呢？

听说，在女性当中非常流行淋巴按摩。改善淋巴的循环可以提高身体免疫力，血液循环也能得到改善，从而有益健康。据说对美容也非常有效果，所以淋巴按摩和淋巴体操风行一时。

一位著名的医生和淋巴研究者这样说道："如果想改善淋巴循环，请选择不方便的生活方式。比如在厨房里，把经常使用的物品故意放在高处。这样一来，一天就要站到台子上取用好几次。上下之间，就可以充分改善淋巴的循环。特意花钱去做淋巴按摩，不如在日常生活中充分地活动自己的身体。"

过去的女性，淋巴循环状况一定不错。家务本身就是一种活动量很大的运动，所以没有必要特意再去做一套体操吧。

仰赖自身的力量

不妨试着刻意选择不方便的生活试试看。车站里有自动扶梯，不要去排那个长长的队列，走楼梯也是一个好办法。在公司里，如果只有两三层楼的上下路程，就走楼梯吧。乘巴士到电车站有两站地的距离，那就不坐巴士，花上二十分钟的时间走一走。不用特意去花钱，而是稍微改变一下日常生活，就能够得到健康的身体。

我们人类具有五感的能力，只有尽最大可能调动五感，才能有活着的感觉。我们拥有这些被赋予的能力，还有什么必要利用器械来帮自己呢？如果不活动身体，只靠方便的工具生活，就难以体验到活着的真实感受。

"总是体会不到那种活着的实感。对生活并没有什么具体的不满意，却感觉自己好像生活在一个虚拟世界当中。怎样才能拥有活着的真实感受呢？"

曾经有一位女学生这样问我。这种烦恼看起来有些奢侈，但是或许在现代生活当中，有这种烦恼的人越来越多。

我这样回答她："在冬天寒冷的早晨，将房间的窗户全部打开，然后拎着水桶打一桶水，亲自把抹布放到水中浸湿，再拧干。从窗口吹进来的风很冷吧？水也很凉，手都快冻僵了吧？请用自己的身体去感受这种冰冷。用力拧干抹布，用它来擦拭清洁房间，身体会自然而然地暖起来。请再感受这种温暖。所有这些感觉，都是活着的感觉，也是对自己生命的一种感知。"

有句禅语叫作"冷暖自知",它是说,寒冷和温暖都必须亲自用自己的身体去体会和感知。单纯用大脑去理解,是看不到真相的。它告诉我们亲自体验的重要性。

现代社会变得越来越虚拟、不真实,方便的东西四处泛滥,只要花钱就能够得到便利。但是当你得到了一项便利时,就意味着失去了一件东西,失去了一些重要的东西。

当然,我没打算否定所有的方便性。有很多东西因为方便而让我们的心灵更加丰富。但是我认为,不能让自己过于习惯享受便利。在你的生活当中还有各种不便,先别忙着用钱来解决这些不便,我建议你试着用自己的身体和头脑来解决。这些经验和体会的积累,一定会给你带来生的活力。不依赖物品,而是仰赖自己所拥有的力量,我相信它也关系到自信。

偶尔刻意去选择一下不方便的生活,在那里也许会有小小的幸福的种子掉落下来。

请记住,身体力行即是砥砺佛性,找回本我,这样畅快地度过每一天,人生就会轻松自在。

后 记

把金钱当成一种丰实人生的工具

"可否请您以金钱为主题,写一写禅的教诲?"说实话,当收到本书责任编辑美野晴代女士的约稿时,我感到很为难。

对僧侣来说,凡事莫执着是最基本的思维方式。僧侣每天的修行都致力于将执念一点点去除。抛弃一切欲望是一件很难的事,但是我们每天都为了尽可能地接近这种境界而努力。站在这个立场,能否写出以象征着欲望的金钱为主题的文章?我犹豫再三。

这时,突然在我的脑海中闪现的,是存在于现代社会中的自我中心意识。过去的日本,互助精神根深蒂固,人们在相互协助、彼此扶持下共同生活。富人绝不会独善其身,他们会去帮助穷人。这种思维在全社会都是共通的。自己获得的金钱财富不是全部据为己有,而是拿出一部分奉还给社会和他人。人们都相信这种行为是应当应分，毋庸置疑。

但是在利己价值观色彩越来越浓郁的现代社会，一人得利万事足的想法日益蔓延。赢家、废柴、胜组、负组等毫无品性的词语开始出现。当然，只要是资本主义社会，出现差距是不可避免的。但是重要的是如何对待这种差距，社会如何去消化它们。我们能否放弃那些被称为弱者的人，对他们不闻不问？拥有资本的人旁若无人地阔步向前，又是否妥当？我们日本人应该走的道路在哪里？通过金钱这个东西，我希望大家能够重新思考这些问题，在这种想法的推动下，我提起了手中的笔。

金钱是一种什么样的存在？我在深入思考的时候，找到了两个答案。

其中之一是，无论我们积累了多少金钱财富，都不可能将它们带入冥途。人都是赤条条地来到这个世界，没带任何身外之物，走的时候也不会带走任何东西。我希望大家都能够再一次认识到这一点，于是决定执笔本书。要知道，执着于最后终归要撒手的"物"，是一件多么荒唐和无意义的事情。

另一个答案就是，金钱是空气一般的存在。如果没有空气，我们人类就活不下去。空气是必不可少的物质，但是我们通

后记 | 把金钱当成一种丰实人生的工具

常不会意识到它的存在。如果经常意识到空气的存在，就会患上过度呼吸综合症。金钱何尝不是如此呢？

为了日常生活，金钱是必不可少的。但是如果你过于重视它，就会生出欲望，陷入"过度呼吸"的症状之中。那是一种欲望的过度呼吸，会让你忘记自己是为了周围的人而活着，会让你以为只要自己过得好就行。这样一来，真正的幸福就会离你远去。

金钱，不过是一种丰实人生的工具罢了。不能将金钱本身当作人生目标。也许有人会认为这是一种漂亮话，但是，如果在我们日本人的心里连漂亮话都要摒除，那是一件再悲哀不过的事情了。

对自己来说，金钱究竟是一种什么样的存在，应该如何去面对金钱呢？希望你能够借由本书，再次考虑这些问题。因为这就像是在思考你自己的人生。

最后，请再一次思考你的人生之路，对自己来说什么才是幸福。如果本书能够成为你思考这些问题的契机，笔者将感到不胜欣慰。

合掌
枡野俊明

图书在版编目（CIP）数据

轻松生活之禅式金钱礼法：禅与极简生活 /（日）枡野俊明著；米悄译.
— 北京：北京时代华文书局, 2020.6（2021.5月重印）
（禅与极简生活 / 陈丽杰主编）
ISBN 978-7-5699-3606-3

Ⅰ.①轻… Ⅱ.①枡…②米… Ⅲ.①散文集－日本－现代 Ⅳ.①I313.65

中国版本图书馆CIP数据核字(2020)第037768号
北京市版权局著作权合同登记章 图字：01-2019-2908

Jinsei No Nagare Ga Utsukushikunaru Zen 'Okane' No Sahou
Copyright © 2016 Shunmyo Masuno
Originally published in Japan by SB Creative Corp.
Chinese (in simplified character only) translation rights arranged with
SB Creative Corp., Tokyo through CREEK & RIVER Co., Ltd.
All rights reserved.

禅与极简生活

轻 松 生 活 之 禅 式 金 钱 礼 法：禅 与 极 简 生 活
QINGSONG SHENGHUO ZHI CHAN SHI JINQIAN LIFA CHAN YU JIJIAN SHENGHUO

著　者｜[日]枡野俊明
译　者｜米　悄

出 版 人｜陈　涛
图书策划｜陈丽杰　冯雪雪
责任编辑｜陈丽杰
责任校对｜徐敏峰
封面设计｜**熊琼**
版式设计｜孙丽莉
责任印制｜刘　银　范玉洁

出版发行｜北京时代华文书局 http://www.bjsdsj.com.cn
　　　　　北京市东城区安定门外大街136号皇城国际大厦A座8楼
　　　　　邮编：100011　电话：010-64267955　64267677
印　　刷｜河北京平诚乾印刷有限公司　010-60247905
　　　　　（如发现印装质量问题，请与印刷厂联系调换）

开　本｜880mm×1230mm　1/32　印　张｜6.5　字　数｜100千字
版　次｜2020年7月第1版　　　印　次｜2021年5月第2次印刷
书　号｜ISBN 978-7-5699-3606-3
定　价｜49.00元

版权所有，侵权必究